Alles,
was ich wollte,
war
Freiheit

HERTHA KRATZER

Alles, was ich wollte, war *Freiheit*

AUSSERGEWÖHNLICHE ÖSTERREICHERINNEN DER MODERNE

styria premium

INHALT

Schauplatz Manege und Bühne

„Es gibt nicht ‚den Circus',
aber jeder trägt beinahe ein ähnliches Bild davon in sich.
Es ist die Atmosphäre, der Ort von Verzauberung
und der Ort unserer Träume,
die den Circus zum Circus machen."[1]

Die Faszination der Manege – eines runden oder elliptischen Schauplatzes von Sensationen wie durch die Luft fliegenden Menschen, Kunststücken auf galoppierenden Pferden, gefährlichen Raubkatzen, ihr Leben riskierenden Artisten und von Späßen der Clowns in Glitzerkostümen – erfasst das Publikum auf den billigen Plätzen ebenso wie das in den teuren Logen. Die Zuschauer genießen den Nervenkitzel, fiebern bei waghalsigen Nummern mit und atmen auf, wenn alles gut gegangen ist, sie lachen und applaudieren. Es zählt der Augenblick, und ein Risiko berührt nur, wenn das Leben auf dem Spiel steht. Für manche bedeutet der Zirkus noch mehr als eine Szenerie von Attraktionen, er wird zu einem Traumziel, zur Utopie eines Lebens in Freiheit und Selbstbestimmung.

Für Frauen, die von Freiheit und Selbstbestimmung nicht einmal zu träumen wagten, mag die Manege vollends ein Sehnsuchtsland gewesen sein. Artistinnen, Kunstreiterinnen, Akrobatinnen, Raubtierdompteusen und Kraftfrauen haben schon früh Tabus gebrochen, die bürgerlichen Frauen Grenzen setzten, und in der Manege als realem Arbeitsplatz gleichberechtigt neben und mit ihren männlichen Kollegen

gearbeitet. Als Zirkusdirektorinnen waren sie ihnen manchmal auch vorgesetzt. Vom Publikum wurden sie als Außenseiterinnen wahrgenommen, aber bewundert und verehrt.
Für Künstlerinnen auf der Bühne hingegen galt bis ins 20. Jahrhundert das Diktum Jean-Jacques Rousseaus:
„Diejenige, die sich zur Schau stellt, (...) die sieht und gesehen wird, diejenige, welche die ihr gezogenen Grenzen der Häuslichkeit und Privatheit überschreitet, die selbstständig für ihren Unterhalt sorgt und sich damit von der Fürsorge anderer unabhängig machen könnte, verdient es, misstrauisch beobachtet zu werden."[2]
Der Wirkungskreis der Frau ist nicht die Bühne, weder die im Theater noch die des öffentlichen Lebens, sondern das von Mauern begrenzte Haus. Wenn eine Frau die Privatheit des Hauses verlässt und sich der Öffentlichkeit darbietet, macht sie sich zum Projektionsobjekt bürgerlicher Sehnsüchte. In Männern erweckt sie Träume erotischer Freizügigkeit, in den Frauen den Traum von Selbstverwirklichung. Beides gefährdet das Normverhalten der bürgerlichen Gesellschaft.
Eine Schauspielerin konnte sich befreien, konnte als Primadonna oder Diva unabhängig, reich und berühmt werden, freilich nur, wenn sie jung und schön war. Gleichzeitig gab es die große Zahl der Schauspielerinnen, die hart am Rande des Existenzminimums lebten und sich mit fragwürdigen Verträgen zufriedengeben mussten. Ein Star auf der Bühne, sei es eine Schauspielerin, eine Tänzerin oder Sängerin, hatte vielleicht weniger finanzielle Sorgen, bewegte sich dafür aber im Dunstkreis von Gerüchten über reiche Gönner, spendable Liebhaber, geheime Besuche in Chambres séparées etc. Die bürgerliche Welt war der Schauspielerin verschlossen, wollte sie heiraten, verlangte der Theaterdirektor oder der bürgerliche Anstand, dass sie die Bühne verlasse.

Die folgenden Biografien schildern die Karriere der Henriette Willardt, die als Löwenbändigerin weltberühmt wurde, die Entwicklung der jungen theaterbesessenen Tilla Durieux zu einer der renommiertesten Schauspielerinnen ihrer Zeit, den Lebenslauf der viel zu wenig bekannten Verwandlungskünstlerin Cilli Wang und das dramatische Leben der Hollywoodikone und Erfinderin Hedy Lamarr.

Henriette Willardt

DIE LÖWENBÄNDIGERIN MISS SENIDE

1866–1923

Emma Willardt ist entsetzt. Ihre sechzehnjährige Tochter Henriette steht in einem Käfig, umgeben von acht Wölfen, zwei Bären und zwei Hyänen – vor dem Käfig ein riesiger Menschenauflauf. Die Tiere verhalten sich ruhig, die Tochter droht: Sie werde den Käfig nicht eher verlassen, bis ihr die Mutter erlaube, Tierbändigerin zu werden. Das sei ihr Traumberuf. Sie hört weder auf Mahnungen noch auf Bitten, bis die Mutter keine andere Wahl hat, als zuzustimmen. Sie tut es unter Tränen. Emma Willardt, die sich ihren Lebensunterhalt mit einer Schaubude im Wiener Prater verdient, kennt die Gefahren, denen die immer beliebter werdenden Raubtierbändigerinnen ausgesetzt sind. Der Tod der erst siebzehn Jahre alten Dompteuse Ellen Chapman, die 1850 von ihrem Tiger getötet worden war, hatte in England sogar zu einem Auftrittsverbot für Frauen in Raubtierkäfigen geführt. 1886 wird die Französin Nouma-Soulet im Alter von fünfundzwanzig Jahren von ihrem Löwen zerrissen und 1888 stirbt in Prag die kaum ältere Dompteuse Bertha

Baumgarten. Manche Dompteusen tragen gepolsterte Kleidung, um sich vor Bissen zu schützen, mit Peitschen, Eisenstangen oder Gabeln versucht die Tierbändigerin im Notfall sich den Rückzug aus dem Käfig zu sichern, auch um den Käfig herum postierte Zirkusmitarbeiter sollen von außen ein angreifendes Raubtier ablenken. Dass diese Maßnahmen höchst unzureichend sind, zeigt die große Anzahl von in Käfigen getöteten Dompteusen.

Emma Willardt, eine gebürtige Hamburgerin, hatte 1873, im Jahr der Wiener Weltausstellung, im Prater in der Ausstellungsstraße Nr. 147 eine Schaubude eröffnet. Sie zeigt Attraktionen wie Magie im Welt- und Zaubertheater von Fräulein Amanda mit Wandelbildern und Wachsfiguren, stellt Riesendamen und Bambutti-Zwerge, Lappländer mit Rentieren und Fidschi-Insulaner aus wie auch die Athletin Sophie Sondermann, die Riesendame Judith Matursik und das Riesenmädchen Therese. Eine Sensation und ein noch besseres Geschäft als die Schaubude ist der angeschlossene „Schnellphotographie-Salon", in dem Tag und Nacht Ferrotypien hergestellt werden, ein fotografisches Direktpositiv-Verfahren. Später kommt noch eine Schießstätte dazu.

Natürlich wünscht sich Emma Willardt, dass ihre Tochter zunächst in dem florierenden Unternehmen mitarbeitet und es später einmal übernimmt. Aber die Tochter Henriette interessiert sich weder für die Zauberkunststücke und Kuriosa in der Schaubude noch ist die Schnellfotografie nach ihrem Geschmack. Das am 5. November 1866 geborene Mädchen wird in Bruck an der Mur in einem Mädchenpensionat erzogen und kommt im Alter von fünfzehn Jahren zur Mutter nach Wien. Sie ist vom ersten Augenblick an von den Raubtieren fasziniert, die sie in den Pratermenagerien bestaunen kann.

Frauenpower in der Manege: weibliche Leopardendompteuse (Foto 1905)

In „Europas größter Menagerie“ von F. Kleeberg auf der Feuerwerkswiese treten Tierbändiger auf, darunter, wie das *Illustrierte Wiener Extrablatt* vom 16. April 1884 berichtet, auch das Fräulein Emma Kleeberg. Von der „Ehlbeckschen Menagerie“ wird behauptet, dass sie ihresgleichen auf dem Kontinent suche. Den Tierbändigern, die dort auftreten, war allerdings von der Polizei verboten worden, den Kopf in den Rachen der Löwen zu stecken.[3] Eine polizeiliche Verwarnung trifft auch den Menageriebesitzer Adolf Holzinger, als seine einjährige Löwin an der Leine im Garten des Wirtshauses „Zum Butterfaß“ spazieren geführt wird.[4] Vielleicht hat das todesmutige Fräulein Kleeberg Henriette auf die Idee gebracht, es ihr gleichzutun, jedenfalls träumt sie nicht nur vom Beruf der Dompteuse, sondern setzt auf die eingangs geschilderte drastische Weise auch durch, dass sie ihn ausüben kann.

Emma Willardt hält ihr Versprechen, sie fährt mit ihrer Tochter nach Hamburg und kauft zwei Berberlöwen, einen Bären und einen Leoparden. Bereits fünf Monate später, am 13. Mai 1883, berichtet das *Illustrierte Wiener Extrablatt,* dass in der Schaubude Willardt eine junge Tierbändigerin, Fräulein Henriette Willardt, „einzig und allein in ihrer Art in diesem Genre" zu bewundern sei. Noch im Dezember desselben Jahres reist die junge Dompteuse, der Zirkusdirektor Ernst Renz zur besseren Vermarktung den exotisch klingenden Künstlernamen „Miss Senide" vorgeschlagen hat, mit ihren Tieren und einem prächtigen Schaukäfig nach Berlin. Reißerisch als „Löwenbraut aus Wien" angekündigt, gibt sie am 12. Dezember 1883 bei der Damengala im „Zirkus Renz" ihr Debüt. Der Auftritt ist eine Sensation. Die jugendliche Tierbändigerin lässt sich von einem Löwen die Tatzen auf die Schultern legen, nimmt ein Stück Fleisch in den Mund und lässt den zweiten Löwen danach schnappen. Ein Leopard legt sich ihr schnurrend zu Füßen und setzt sich dann manierlich zu Tisch, ebenso ein Bär und eine Dogge.

Frauen im Raubtierkäfig sind immer eine Attraktion und ein Nervenkitzel für das Publikum, umso mehr, wenn eine erst Siebzehnjährige den Käfig betritt. Doch die Raubtiere gebärden sich nicht als wilde Bestien, wie es die Ankündigungen hätten vermuten lassen, sondern folgen scheinbar sanft den Befehlen der jungen Dame und zeigen willig ihre Kunststücke. Die Vorführungen finden auf engstem Raum, in einem Käfigwagen von fünf Metern Länge und etwas über zwei Metern Breite statt, der in die Manege geschoben wird. Der Abstand zwischen der Dompteuse und dem Tier ist äußerst knapp. Der Berichterstatter des Wiener Extrablatts hatte das Einzigartige in Henriette Willardts Art der Vorführung bereits betont. Mit großer Tierliebe und enormer Nervenstärke arbeitet sie mit den Raubtieren nach der Methode der „zahmen Dressur", die ohne schmerzhafte Bestrafungen der Tiere auskommt. „Sie liebte einfach die wilden Bestien, sie schlug dieselben nicht, sie hätschelte und liebkoste sie – und siehe da: Die Tiere wurden fromm und gelehrig wie die Pudel, gehorchten auf den leisesten Wink."[5]

Mit dieser Methode löst Miss Senide die gängige Praxis der sogenannten „wilden Dressur" ab, bei der ein Kampf zwischen einem starken Mann, dem Dompteur, und den gefährlichen Bestien, den Tieren, inszeniert wurde. Die Tiere wurden gereizt, mit der Peitsche und glühenden Stangen malträtiert, bis sie in panischer Angst brüllten und sich aufbäumten. Die Dressur bestand darin, dass ein misshandeltes Tier in seiner Angst auf ein Podest oder durch einen brennenden Ring sprang, wenn es keine andere Fluchtmöglichkeit sah. Manchmal wurden die Tiere sogar zu einem Gegenangriff provoziert. Das Publikum erlebte dabei die Überlegenheit des Dompteurs, der sich als Sinnbild männlicher Kraft präsentierte und die Raubtiere seinem Willen unterwarf. Carl Hagenbeck, der als der Erfinder der „zahmen Dressur" gilt, verlangt als Grundeigenschaft eines Tierbändigers, einer Tierbändigerin Geduld, Selbstbeherrschung und scharfe Beobachtungsgabe. Je geduldiger und gütiger der Dompteur ist, desto mehr Vertrauen werden die Tiere zu ihm fassen. Ist aber die Güte nicht mit Strenge gepaart, die den Gehorsam erzwingt, dann wird es der Vorführung an Sicherheit mangeln. Scharfe Beobachtungsgabe ist ebenfalls notwendig, um schon geringste Veränderung in der Stimmung der Tiere zu erkennen und einer eventuell gefährlichen Situation zuvorzukommen.

Selbstverständlich beruhen auch Miss Senides Vorführungen auf einer klaren Rangordnung. Die Dominanz der

Tilly Bébé im Löwenkäfig (Postkarte von 1905)

Dompteuse ist überlebensnotwendig, wird aber nicht mit Gewalt ausgeübt. Sie demonstriert vielmehr, zu welch außergewöhnlichen Leistungen Frauen mit dem Verzicht auf Gewalt imstande sind. Neben der Deutschen Claire Heliot und der Niederösterreicherin Tilly Bébé gehört Miss Senide zu den weltweit bekanntesten Dompteusen. Diese jungen Frauen verkörpern weibliche Souveränität in einem männerdominierten Umfeld. Sie sind bewunderte Ausnahmen, zeigen sich selbstbewusst und unerschrocken, verdienen gut, reisen um die Welt und können alternative Lebens- und Liebesformen jenseits der normativen Geschlechterrollen ausprobieren.

TRIUMPH UND TODESANGST

Miss Senide wird nach ihren Auftritten in Berlin vom „Circus Halle" engagiert, gibt Gastspiele in Österreich, tritt in Portugal, Spanien, Frankreich und Belgien auf. Eines ihrer spektakulären Kunststücke, mit dem sie in die Zirkusgeschichte eingeht, ist das „Diner africain", ein Meisterstück der Dressurkunst, das sie erstmals in Lüttich vorführt, wo sich zur Novembermesse die bedeutendsten Tierbändiger versammeln. Vor ausverkauftem Zirkuszelt zeigt sie vorerst bekannte Tricks und erntet Bewunderung, schon allein aufgrund ihrer Jugend, und beeindruckt durch ihren sanften Umgang mit den Tieren. Dann betritt sie den Käfig zum zweiten Mal, wirft einem Panther ein Stück rohes Fleisch in den Rachen, aber bevor das Tier schlucken kann, greift sie ihm ohne eine andere Waffe als eine leichte Peitsche in der Hand ins Maul und reißt das Fleisch heraus. Die Situation droht zu eskalieren, weil die anwesenden Löwen sie am Ausgang hindern wollen. Das atemlos zusehende Publikum überschüttet sie mit Beifall, als sie glücklich wieder außerhalb des Käfigs steht.

Bei diesem Kunststück, das ihr Engagements in aller Welt einbringt, gibt es hin und wieder Verletzungen, was aber die Spannung und Bewunderung des Publikums nur steigert. Im „Zirkus Moritz Blumenfeld" gibt sie täglich drei Vorstellungen von je einer halben Stunde, eine gewaltige Anstrengung und Leistung sowohl für die Dompteuse wie auch für die Tiere.

Miss Senide kleidet sich extravagant, liebt Fantasieuniformen und zeigt ihre Beine in Strumpfhosen und hohen Stiefeln wie ihre männlichen Kollegen. In Paris tritt sie in exotisch-freizügigem Kostüm im berühmten „Cirque d'Hiver" auf, anschließend tourt sie durch Großbritannien und Irland. In Dublin kommt es am 3. Februar 1887 beinahe zur Katastrophe. Die Tierbändigerin soll bei einer Vorführung fotografiert werden, doch gerade in dem Moment, als sie den Kopf in den Rachen ihrer Löwin Fatima legt, geht das elektrische Licht aus, das damals in den Zirkusbauten noch eine Neuheit war. Die Löwin erschrickt und beißt zu. Schwer verletzt kann sich die Dompteuse aus dem Käfig retten. Sie erinnert sich:

Miss Senide am Höhepunkt ihrer Karriere

„Ich saß in einer kleinen Ecke vis-à-vis dem Käfig bei der trüben Gasflamme in meinem blutüberströmten Kostüm; die Tochter des Direktors hatte mir ihren Mantel über die Knie gebreitet und weinte bitterlich, neben mir kniend, und der arme Fotograf lief bald wie wahnsinnig auf der Bühne umher, bald flehte er mich wieder an, ihm zu verzeihen. Der Doktor hielt jetzt prüfend seine Nadeln an die Gasflamme, um die passendste auszusuchen. Dicht vor mir im Käfig stand die andere Löwin ‚Cora' und wandte keinen ihrer Blicke von mir ab. Diese Situation zu beschreiben ist gar nicht möglich. Ich war kaum einundzwanzig Jahre alt und allein im fremden Lande. In dem festen Glauben, vollständig entstellt zu sein, wurde ich noch durch das Weinen und Jammern der Anwesenden bestärkt. Keine Träne und keinen Laut hörte man von mir. ‚J'étais mortifié!' Dies ist wohl so zu erklären: Eine Stunde vorher glückstrahlend in der Mitte meiner Zöglinge beifallsumrauscht und dann blutüberströmt gegenüber den murrenden Tieren unter den Händen des Chirurgen."[6]
Trotz der schweren Verletzungen im Gesicht und am Hals tritt sie nach kurzer Zeit wieder auf. Zum Glück ist ihr Gesicht nicht entstellt, denn neben der künstlerischen Leistung zählt in der Manege – ganz besonders bei Frauen – auch die physische Attraktivität. Eine Artistin mit entstelltem Gesicht

ist ihr Engagement und damit ihre Existenz los. Mit verbundenem Gesicht absolviert sie erste Vorführungen, dann folgen Tourneen nach England und Russland. 1891 nimmt sie ein Engagement im „Circus Salamonsky" auf, in Warschau gastiert sie mit dem „Grand Cirque français J. Godfroy". Ihre größte Tiergruppe besteht aus neun Löwen, einem Tiger, einem Leoparden und einem Bären. Mit achtundzwanzig Jahren, Ende 1894, Anfang 1895, gründet Miss Senide ihren eigenen Zirkus und bereist mit ihm Russland und Asien. Um 1896 befindet sich der „Circus Miss Senide" in Stawropol in Russland, 1904 reist sie mit Löwen, Leoparden, Hyänen, Wölfen und Bären durch Aserbaidschan.[7]

LEBENSABEND IN WIEN

Über ihre späteren Jahre ist wenig bekannt. Nach einigen Quellen heiratet sie in St. Petersburg einen ehemaligen Athleten namens Wagner, Besitzer des „Circus Ciniselli". Er ist vermutlich um 1900 verstorben. Sie kehrt nach Wien zurück und tritt im Zirkusgebäude des Zirkus Busch auf, doch ihre Vorführungen sind nicht mehr die Sensation, die sie früher waren. Manchmal decken die Einnahmen nicht annähernd die Ausgaben für das Tierfutter. Ihre große Zeit ist vorbei. Miss Senide adoptiert den Hundedresseur Joseph H. Günther und übernimmt nach dem Tod ihrer Mutter deren Schnellfotografiesalon im Wiener Prater. Am 9. November 1923, kurz nach ihrem siebenundfünfzigsten Geburtstag, stirbt Miss Senide in Wien und wird auf dem Matzleinsdorfer Friedhof neben ihrer Mutter bestattet. Auf dem Grabstein steht unter ihrem Namen: „Gew. Tierbändigerin Miss Senide." Ein friedlich schlafender Löwe aus Stein liegt auf dem Grabdeckel. Joseph H. Günther hat ihn ihr zu Ehren anbringen lassen.

Tilla Durieux

DIE HÄSSLICHE DIVA

1880–1971

„Mit dem Ponem[8] wollen Sie zur Bühne? Lernen Sie lieber kochen!“[9] Das hört die junge Tilla Durieux 1901 vor ihrem ersten Auftreten am königlich-städtischen Theater zu Olmütz von Theaterdirektor Stanislaus Lesser. Lessers drastisches Urteil ist vom Geschmack der Zeit diktiert. Die damals einundzwanzigjährige Schauspielerin ist kein süßes blondes Mädel mit Kulleraugen und herzigem Kirschmund. Ihr Teint ist dunkel, die schwarzen Haare umrahmen eine slawisch anmutende Gesichtsform, man attestiert ihrem Aussehen eine gewisse Exotik, ja Wildheit, aber keineswegs Schönheit. Auch später, als sie bereits auf den Bühnen Max Reinhardts reüssiert, schreibt ein Kritiker einer Berliner Tageszeitung nach einer Aufführung von „Gyges und sein Ring“: „Wenn man so hässlich ist, soll man nicht die Rhodope spielen.“[10] Noch deutlicher drückt sich eine Autorin der *Württemberger Zeitung* in ihrer Kritik von Shakespeares „Cleopatra“ aus: „Sie ist unschön; platt gedrückte Nase in hagerem Gesicht, unadelige Gestalt, sehr schlechte, gebeugte Haltung, am unköniglichsten von allen ist diese Königin.“[11]

Dennoch gehört Tilla Durieux zu den meistporträtierten Frauen ihrer Zeit: Auguste Renoir, Emil Orlik, Max Liebermann, Olaf Gulbransson, Franz von Stuck, Hermann Haller, Georg Kolbe, Oskar Kokoschka und andere haben sie gemalt. Für Ernst Barlach, der von den Nationalsozialisten später unter die „entarteten Künstler" gereiht wird, war sie Modell zahlreicher Porträtbüsten, auch Hermann Haller, Hugo Lederer und Götz Löpelmann haben Büsten von ihr angefertigt.

EIN „MÄDCHEN AUS GUTEM HAUSE" WIRD SCHAUSPIELERIN

Der richtige Name der 1880 in Wien geborenen Tochter eines Chemieprofessors und einer ungarischen Pianistin lautet Ottilie Godeffroy de la Rochelle. Da sie trotz heftigen Widerstands der Mutter – der Vater war verstorben, als sie vierzehn Jahre alt war – darauf bestand, Schauspielerin zu werden, musste sie aus Gründen der Familienehre ihren Namen gegen den ihrer Großmutter tauschen. Sie nannte sich nun Tilla Durieux.

„In Wien, wo ich alsda geboren aufwuchs, gab es acht Schulklassen für Mädchen. Weitere Bildung wurde dem Geschmack und dem Geldbeutel der Eltern überlassen",[12] erzählt Tilla Durieux in ihren Erinnerungen. Die Mutter will aus der Tochter eine Pianistin oder zumindest eine Klavierlehrerin machen, sie auf einen bürgerlich akzeptablen Beruf vorbereiten und zwingt sie, täglich vier Stunden zu üben. Tilla hasst das Klavier, das ihr täglich vier Stunden Kindsein raubt, aber sie liebt es, wenn die Mutter spielt. Dann tanzt sie im Nebenzimmer, fühlt sich als Prinzessin oder Fee, erfüllt sich Wünsche in Tagträumen. Denn ihre Kindheit ist einsam. Sie wächst allein, ohne Geschwister auf. Noch als alte Frau wird sie von ihrer „einsamen, in Träumen versponnenen

Kindheit"[13] sprechen. Besuche im Wiener Burgtheater wecken in ihr den leidenschaftlichen Wunsch, Schauspielerin zu werden. Sie will ausbrechen aus der Enge ihrer bürgerlichen Herkunft in eine Welt, in der sich das Leben abspielt, buntes, facettenreiches Leben mit den Höhen und Tiefen, die sie sich in ihrer Fantasie ausmalt. Sie nennt es später ein „krankhaftes Sehnen nach einer anderen Welt, die doch irgendwo stecken musste. Einer Welt voller Geheimnisse und zugleich voller Wahrheit.[14]"

Als sie der Mutter diesen Wunsch gesteht, schlägt ihr „die fassungslose Frau" ins Gesicht. Den Beruf einer Schauspielerin assoziiert man zu jener Zeit mit Oberflächlichkeit, Libertinage, sogar mit Prostitution, auf keinen Fall aber mit der Zukunft einer „höheren Tochter". Die angebliche Freiheit der Schauspielerin wird als Bedrohung des Sittenkodex empfunden, der bürgerlichen Ehefrauen, vor allem aber den Töchtern auferlegt ist. „Nicht nur der Kreis meiner Eltern, sondern die ganze Welt hatte zu dieser Zeit andere Ansichten über die Erziehung junger Mädchen als heute. (...) Wenn einen Beruf auszuüben an sich schon damals für ein Mädchen eine Degradierung bedeutete, wie viel mehr stellte sich eine werdende Schauspielerin abseits von allem Erlauchten und Hergebrachten."[15]

So mag man vielleicht die Ohrfeige erklären, mit der Tillas autoritäre Mutter auf den Berufswunsch der Tochter reagiert. Aber Tilla verfolgt ihn hartnäckig und erkämpft sich schließlich den Besuch der Theater- und Vorbereitungsschule des Wiener Hofschauspielers Karl Arnau. In der Saison 1899/1900 macht sie ihre ersten Bühnenerfahrungen und erlebt am Wiener Raimundtheater in der Rolle der scheidungswilligen, lebenslustigen Cyprienne im gleichnamigen Lustspiel von Victorien Sardou den ersten Publikumserfolg. 1901 wird sie in Olmütz von Direktor Lesser trotz ihres „Ponems"

Tilla Durieux im Jahr 1910

unter Vertrag genommen. „Eine Saison Olmütz, eine Saison Breslau, und schon landete ich bei Max Reinhardt in Berlin."[16] Es ist ein Blitzstart.

KARRIERESTART IN BERLIN

Berlin um 1900 ist in fieberhafter Aufbruchsstimmung. Gegenüber London, Paris und Wien hat die einstige Provinzhauptstadt Nachholbedarf und den deckt sie mit rasantem Tempo.
„In verblüffender Hast wuchs die Stadt über Preußen hinaus und wurde Reichshauptstadt, sprengt auch diesen Rahmen und war bei Ausbruch des Ersten Weltkriegs durch ihre gewaltigen Kunstsammlungen, durch ihre weltumspannenden Finanzinstitute, durch Musik, Theater, Ausländerverkehr und ihre internationale Halbwelt eine Art Weltzentrum, ja auf mehreren Gebieten das Weltzentrum. Die gewaltige Entwicklung der gesamten Nation – in Einwohnerzahl, Wohlstand, Geschmack – ließ sich von Jahr zu Jahr aus der Physiognomie der Stadt ablesen, die sprunghaft von dürftigem Provinzialismus zu Weltgeltung wechselte."[17]
Mit rund zwei Millionen Einwohnern ist die Stadt damals bereits Weltmetropole und schickt sich an, Theatermetropole zu werden. Max Reinhardt schafft sich mit den Reinhardt-Bühnen ein regelrechtes Theaterimperium. Aus der

1901 eröffneten Kleinkunstbühne „Schall und Rauch“ wird „Das Kleine Theater“ mit literarisch anspruchsvollen Aufführungen und 1903 gründet Reinhardt das „Neue Theater am Schiffbauerdamm“. Er hat nur einen ernst zu nehmenden Konkurrenten, nämlich Otto Brahm.

Brahm, seit 1894 Leiter des „Deutschen Theaters“, spielt als Erster Henrik Ibsen, Gerhart Hauptmann, Arthur Schnitzler und Hugo von Hofmannsthal. Als er Hauptmanns „Weber“ auf die Bühne bringt, kündigt Kaiser Wilhelm II. aus Protest die Hofloge. Brahm praktiziert den naturalistischen Inszenierungsstil, der allerdings nach Meinung der Durieux mit der Zeit verknöchert sei. Als sein Pachtvertrag mit dem Eigentümer des Theaters nicht verlängert wird, übernimmt Brahm 1905 die Leitung des „Lessingtheaters“ und Max Reinhardt die Leitung des „Deutschen Theaters“.

Max Reinhardt, 1873 in Baden bei Wien geboren, hatte als Banklehrling auf den Stehplätzen des „k. k. Hofburgtheaters“ in Wien seine Leidenschaft für das Theater entdeckt, privaten Schauspielunterricht genommen und später in Wien und Salzburg verschiedene Rollen gespielt. Otto Brahm hatte ihn in einer Aufführung in Wien gesehen, engagiert und 1894 in das Ensemble des „Deutschen Theaters“ aufgenommen. Letzten Endes hat Reinhardt, als er 1905 die Leitung des „Deutschen Theaters“ übernahm, seinen einstigen Förderer Brahm überflügelt und dann beerbt. Er wird zum Begründer des modernen Regietheaters und erweitert die Regietechnik um Massenszenen, aufwendige Ausstattung, Lichteffekte und die Verwendung der Drehbühne. Für Bühnenbild und Kostüme beschäftigt er regelmäßig anerkannte bildende Künstler. So werden Edvard Munch, Emil Orlik, Lovis Corinth und viele andere zu Mitgestaltern seiner Inszenierungen. Im Mittelpunkt seiner Theaterarbeit stehen aber immer der Schauspieler und die Schauspielkunst.

Für das kaisertreue Publikum gibt es Kaiser Wilhelms „Königliches Schauspielhaus". Der betrachtet es als patriotische Anstalt zur Verfestigung vaterländischer Gesinnung und lässt hauptsächlich Klassiker mit großem Pathos und die Dramen Ernst Wildenbruchs aufführen. Hier gibt es wallende Locken, ausgestopfte Waden und viel Gold und Silber. Tilla Durieux nennt es respektlos Kitsch. Der aus Galizien stammende Schauspieler Alexander Granach, der aus dem Schtetl aufbrach, um bei Reinhardt in Berlin Schauspieler zu werden, vergleicht in seiner Autobiografie „Da geht ein Mensch" den Aufführungsstil der drei wichtigsten Berliner Bühnen:

„Im Königlichen Schauspielhaus (...) waren mehr Schauspielbeamte. Alle gingen wie auf Kothurnen und sprachen schön, zu schön, zu getragen und machten Gesten, wie nie ein Mensch sie machen würde (...). Aber genau so wie die Schauspieler im Königlichen Schauspielhaus zu unnatürlich waren, waren die im Lessingtheater zu natürlich. Man hustete, spuckte, kratzte sich, machte Riesenpausen – eine Vorstellung sah dann so aus, als ob man zufällig in ein fremdes Haus hineingekommen und Zeuge peinlichster privater Auseinandersetzungen wäre. (...) Reinhardts Theater war zwischen den beiden. Es war natürlich und doch nicht alltäglich, es war feierlich und doch ohne falsches Pathos, es war Theater, ein romantisches, poetisches Theater."[18]

Für Tilla Durieux ist der Eindruck, den Max Reinhardt auf sie macht, nach eigenen Worten „überwältigend". Er spricht mit ihr und lässt sie jene andere Welt spüren, nach der sie sich seit ihrer Kindheit sehnt. Der Star unter Reinhardts Schauspielern ist damals Gertrud Eysoldt. Sie verfügt über ein großes Rollenspektrum, brilliert in den Stücken Hugo von Hofmannsthals, verkörpert hinreißend die Penthesilea im Drama von Heinrich Kleist und ist eine erotisch verführerische Lulu. Ihre Glanzrolle ist die Salome in Oscar Wildes gleichnamigem Einakter. Das Stück war nach der Pariser Uraufführung mit Sarah Bernhardt in der Titelrolle in Deutschland von der Zensur verboten worden und konnte nur in einer geschlossenen Vorstellung gezeigt werden. Reinhardt hatte über ein Jahr gekämpft, bis er es auf einer Berliner Bühne öffentlich aufführen konnte.

Portätfoto von 1905

Als die Eysoldt nach der dritten Vorstellung erkrankt, bietet sich für Tilla Durieux eine Chance. Die junge, unbekannte Schauspielerin, die von Breslau nach Berlin gekommen war und schon einige Rollen mit Erfolg bei Reinhardt gespielt hatte, springt für sie ein – und gewinnt. Tillas Darstellung der zügellosen orientalischen Prinzessin, eines frühreifen Mädchens, das sich seiner Macht über die Männer durchaus bewusst ist, begeistert und fasziniert Publikum und Kritik. Es ist Tillas Durchbruch, der Beginn ihrer großen Karriere.

„Diese Vorstellung habe ich tatsächlich mit vollständigem Aussetzen meines Bewusstseins gespielt, und ich erwachte erst, als der Vorhang fiel und der jubelnde Applaus mich wieder und immer wieder rief. Reinhardt kam auf mich zu und sagte: ‚Sie sind ja ein großes Talent, wir werden Ihren Vertrag revidieren müssen.' Alles umringte mich, ich taumelte vor Freude."[19]

So liest man es in den Erinnerungen der Schauspielerin. Die Zeit bei Max Reinhardt ist für Tilla Durieux zwar entbehrungsreich in materieller Hinsicht, aber überaus reich an Bühnenerfahrung. Auch in der Erinnerung noch voll begeistert schreibt sie:

„Wir waren alle verzaubert von seiner Persönlichkeit. Nur für die Proben lebten wir und die Aufführungen. Alles andere war wesenlos. Dass unsere Gagen winzig waren und wir verpflichtet waren, Kostüme und moderne Kleider davon zu schaffen, dass die Proben übermäßig lange dauerten, dass die Wangel[20] und ich in der Nacht schneiderten, die Höflich[21] verzweifelt mit Schulden kämpfte und ich immer mit knurrendem Magen herumlief – was machte das aus! Es wurde alles vergessen bei dieser wunderbaren Arbeit auf den Proben und bei den Premieren."[22]

Bei aller Anerkennung für die Leistungen ihrer Konkurrentinnen setzt sich Tilla kritisch mit deren Aufführungsstil auseinander. Sie wirft Gertrud Eysoldt und Irene Triesch, der Hauptdarstellerin am „Deutschen Theater", vor, in ihren Darstellungen in der Gedankenwelt der Jahrhundertwende verhaftet zu sein. Sie verkörpern ihrer Meinung nach ein Frauenbild aus einer Zeit, als Frauen noch nichts von Sport, nichts von Sonne, Luft und Wasser wussten, sondern sich vom Mann unverstanden fühlten, sich im verdunkelten Zimmer ihren seelischen Qualen hingaben und abends Verständnis und Trost erwarteten. „Diese Art Frauen verkörperte die Triesch und sie traf es ausgezeichnet."[23] Es ist ein Frauenbild, das Tilla Durieux so fremd ist, dass alles in ihr revoltiert.

„Dieses tränenreiche Stammeln und weichliche Jammern waren mir in tiefster Seele verhasst. (...) Ich wusste, ich würde jede dieser Rollen anders anpacken, denn dieses Hingeben ohne Abwehr, diese Trauer der schwachen Untätigen erschien mir verächtlich. Ich fühlte genau, dass ich mit dieser Auffassung allein stand."[24]

Später, als sie ihren Stil gefunden hat, werden ihr manche Kritiker, zum Beispiel Alfred Kerr und Alfred Polgar, Mangel an Gefühl vorwerfen und ihren Intellekt betonen, den sie bei einer Schauspielerin als Nachteil werten. Auch Julius Bab stellt fest, dass das Herz nur wenig an ihrer Kunst beteiligt sei und schreibt: „Deshalb bleiben ihre allerpersönlichsten und allervollkommensten Leistungen wohl jene, die einen leicht karikaturistischen Einschlag haben. Wenn sie bei Shaw oder Schnitzler die Damen hinstichelt – dann ist sie schlechthin unübertrefflich. Denn dann triumphiert restlos ein überlegener Kunstverstand."[25]
Es scheint, dass diese Kritiker jenem Frauenbild nachhängen, gegen das Tilla Durieux revoltiert. Doch bevor es so weit war, schreibt sie, musste ihr erst das Leben „Gelegenheit geben, einen bitteren Kampf zu kämpfen, und der Mann musste erst erscheinen, der mir den Weg zeigt, wie man seine Gedanken in Kunst umsetzt."[26] Dieser Mann erscheint in der Gestalt Paul Cassirers, ihres zweiten Ehemanns, als Tilla noch mit dem ersten verheiratet ist.

LEBENSMENSCH PAUL CASSIRER

Tillas Mutter, die mit ihr eine Wohnung teilt, ist einerseits stolz auf den Erfolg der Tochter, andererseits um deren Moral besorgt. Die ständigen Querelen und hysterischen Ausbrüche der Mutter mögen mit ein Grund für Tillas Heirat mit dem jungen Maler Eugen Spiro gewesen sein. Sie heiratet ihn 1904 und ist durch die Ehe dem Einfluss ihrer Mutter entzogen. Das Paar bezieht eine bescheidene Wohnung in Halensee, wo die Miete erschwinglich ist. Spiro hat regelmäßig kleinere Aufträge und Tilla spielt mit Erfolg die unterschiedlichsten Rollen. Doch die Ehe währt nicht einmal ein Jahr lang. Bei einer Abendgesellschaft, die Eugen Spiro und seine Gattin gemeinsam besuchen, lernt Tilla den renommierten Kunsthändler und Verleger Paul Cassirer kennen.

Er stammt aus einer assimilierten jüdischen Familie, die zu den reichsten und einflussreichsten Familien Berlins zählt. Cassirer ist Bahnbrecher der Moderne in Kunst und Literatur im damals tobenden Richtungsstreit zwischen der vor allem in Frankreich florierenden Kunstströmung der Impressionisten und dem in Deutschland offiziell sanktionierten Historismus. Die neue Kunstszenerie der Impressionisten und der Expressionisten, die Cassirer in Paris kennengelernt hat, will er gegen den expliziten Widerstand des Kaiserhauses und konservativer Adels- und Großbürgerkreise auch in Berlin durchsetzen. Gemeinsam mit seinem Cousin Bruno Cassirer eröffnet er am 1. November 1898 mit einer Ausstellung dreier Künstler der europäischen Moderne, Max Liebermann, Edgar Degas und Constantin Meunier, einen Kunstsalon in der Berliner Viktoriastraße 35. Bereits 1901 hatte er mit untrüglichem Gespür Vincent van Gogh in Deutschland ausgestellt, bis 1910 in insgesamt zehn Einzelausstellungen. Nach der Trennung von seinem Cousin führt Paul den Kunstsalon allein weiter. 1904 zeigt er eine große Cézanne-Ausstellung mit dreißig Gemälden. 1908 gründet er den „Paul Cassirer Verlag", in dem er den literarischen Expressionismus verlegt, und 1909 die „Pan-Presse", eine Druckanstalt für Originalgrafik mit dem Ziel, die besten zeitgenössischen Künstler zu vereinen. Als Mitbegründer und Mitherausgeber der Zeitschrift *Pan* verlegt er während des Ersten Weltkriegs in der Schweiz pazifistische Literatur.

Kaiser Wilhelm II., der nicht nur Europas mächtigster Regent sein will, hat auch den Ehrgeiz, als Förderer von Kunst und Wissenschaft in die Geschichte einzugehen. „Eine Kunst, die sich über die von mir bezeichneten Grenzen und Schranken hinwegsetzt, ist keine Kunst mehr",[27] stellt er lapidar fest. Aber Cassirer kümmert sich nicht um diese Grenzen und stellt die schönsten modernen Werke in seinem Salon aus. Der Kaiser, der die alte Historien- und Schlachtenmalerei protegiert, empfindet es als skandalös, dass „dieser Cassirer" die „französische Dreckskunst zu uns bringen möchte". Doch solche Bemerkungen stärken Cassirers Motivation nur noch mehr. 1917 zeigt er Edgar Degas, Max Slevogt, Constantin Meunier und als Hauptattraktion siebzehn Gemälde von Edouard Manet, darunter „Frühstück im Grünen". Er ist Förderer vor allem Max Slevogts und Max Beckmanns, stellt Oskar Kokoschka aus und druckt in seinem Verlag auch dessen Dramen. Er sponsert und verlegt unter anderem auch Heinrich Mann und Else Lasker-Schüler.

Paul Cassirer, 1912 (Porträt von Leopold von Kalkreuth)

Tilla ist vom ersten Augenblick an von dem charismatischen und geistreichen Visionär bezaubert und fasziniert. Paul Cassirer wiederum ist von ihrer Bewunderung angetan und geschmeichelt. Es ist der Beginn einer filmreifen Liebesgeschichte, einer Amour fou, die in einer Katastrophe enden wird. Als Tilla Eugen Spiro gesteht, dass sie einen anderen liebt, bricht dieser fassungslos zusammen. Er kann sich dieses Geständnis nur mit einer psychischen Erkrankung seiner Frau erklären. Er kann nicht akzeptieren, dass sie ihn in einem unkontrollierten Affekt verlassen will. Bevor sie einen so weitreichenden Entschluss fasse, solle sie erst in einem Sanatorium zur Ruhe kommen und wieder sie selbst werden, verlangt er. Tilla willigt ein, weiß aber nicht, dass das Sanatorium eine Heilanstalt für Nervenleidende ist. Als sie als Insassin ihre Lage erkennt und man sie offiziell nicht entlassen will, stiehlt sie sich davon, setzt sich in einen Zug und fährt nach Berlin. In der Viktoriastraße 35 fällt sie Paul Cassirer in die Arme. Eugen Spiro erkennt, dass er sie verloren hat, und willigt in die Scheidung ein. Später wird Tilla sagen, dass sie und Eugen zu jung gewesen wären, um erkennen zu können, dass sie nicht zueinander passten.

Cassirer bewundert die schauspielerische Leistung der Durieux und spürt gleichzeitig, dass in ihr noch mehr steckt, als sie bis jetzt gezeigt hat, und das will er, ähnlich wie Professor Higgins in George Bernard Shaws „Pygmalion", in ihr wecken. Er wird ihr Mentor, fördert ihr Interesse für die Literatur, nicht nur für die Stücke, in denen sie spielt, und macht sie mit Künstlern aus seinem Freundeskreis bekannt, damit sie mit den Strömungen moderner Kunst vertraut wird. Er bringt ihr die Schönheit der Sprache nahe, indem er ihr Gedichte vorliest. Als er behauptet, sie hätte den Dialekt ihrer Heimat noch nicht ganz abgelegt und habe von Atmung und Stimme keine Ahnung, nimmt sie bei Francisco d'Andrade, dem berühmtesten Tenor der Zeit, Gesangsunterricht. Sätze aus ihren Rollen muss sie ihm immer wieder und so lange vorsagen, bis sie in seinen Ohren tadellos klingen. Sie beschreibt eine solche Übung vor der Aufführung von Wilhelm Schmidtbonns Stück „Der Graf von Gleichen", in dem sie die Rolle der Gräfin spielen soll, folgendermaßen:

„Paul studierte mit mir und sprach mir mit seiner Stimme, die so seltsam klang, derart eindrucksvoll die schwierigsten Stellen vor, dass ich sie endlich bezwang. Nur an einem Satz scheiterte ich immer wieder, das war der Schlusssatz des Stückes: ‚Sollt es noch einmal geschehen, ich tät es noch einmal.' Nach meiner Abendvorstellung quälte mich Paul bis vier Uhr morgens mit diesem einzigen Satz. Ich weinte, wollte die Rolle abgeben, schrie, aber alles half nicht. Bis ich endlich gegen Morgen den richtigen Ton gefunden hatte und bei der Erstaufführung auch mit diesem Satz den Erfolg des Stückes befestigte."[28]

In den ersten Jahren ihrer Beziehung mit Paul lernt Tilla den Pianisten und Pädagogen Leo Kestenberg kennen. Eine Konzertlaufbahn hatte er zugunsten seiner sozialdemokratischen Bildungsarbeit und seiner literarischen Aktivitäten aufgegeben. Bei ihm nimmt Tilla Klavierstunden, nicht mehr unter Zwang, wie in der Kindheit, sondern jetzt mit Begeisterung. Als er sie einmal fragt, ob sie ihn vielleicht bei seinen Vorträgen für Arbeiter unterstützen wolle, sagt sie sofort zu. An Sonntagvormittagen fährt sie nun mit ihm hinaus in die Hasenheide und in andere Arbeiterviertel Berlins und rezitiert Lyrik von Johann Wolfgang Goethe, Friedrich Schiller, Richard Dehmel und Georg Herwegh. Dazwischen spielt Kestenberg am Klavier klassische Musik. Bei einem dieser Vorträge lernt sie Karl Liebknecht und Rosa Luxemburg kennen, die später von ihr finanziell unterstützt wird. Der gewaltsame Tod der beiden in den Wirren nach dem Ersten Weltkrieg wird sie tief erschüttern.

Dass die mondäne Schauspielerin, die in den exzentrischen Kreisen der Kunstwelt verkehrt, gleichzeitig eine engagierte Sozialdemokratin ist, findet Paul Cassirers Anerkennung, aber nicht die seiner Familie. Besonders die Frauen seiner erfolgreichen und in der Berliner Gesellschaft angesehenen Brüder finden seine Verbindung mit einer mittellosen Schauspielerin unpassend und behandeln sie daher mit herablassender Nonchalance.

Nach sechs Jahren des Zusammenlebens heiraten Tilla Durieux und Paul Cassirer am 24. Juni 1910. Die gefeierte Diva der Berliner Bühnen und der reichste Kunsthändler Deutschlands sind eines der Traumpaare der Weimarer Republik. Ihre Wohnung in der Margarethenstraße mit Bibliothek, Steinway-Flügel und Gemälden von Manet, Renoir, Cézanne und van Gogh wird zum Treffpunkt der künstlerischen Avantgarde. Sie ist glücklich, Pauls Frau zu sein, genießt die Kontakte mit Künstlern und linken Intellektuellen, verspürt aber bald auch die Schattenseiten dieser Ehe. Paul Cassirer, narzisstisch und jähzornig, ist patriarchalisch anspruchsvoll, verlangt von Tilla, dass der Haushalt problemlos funktioniert und er seinen Aktivitäten ungehindert nachgehen kann. Dass auch sie einen Beruf hat und dafür hart arbeitet, interessiert ihn nicht. Ebenso wenig interessiert es ihn, dass sie oft stundenlang auf ihn wartet und dann weinend zu Bett geht, wenn er mit seinen Künstlerfreunden nächtelang debattiert und dabei vergisst, dass er mit ihr verabredet war. Auch wenn er sie immer wieder melodramatisch seiner Liebe versichert, gibt er seine zahlreichen Affären nicht auf, verfolgt Tilla aber mit quälender Eifersucht. Dennoch sagt sie, dass sie nie einen Menschen so geliebt habe wie ihn.

„Ich verdanke Paul Cassirer die schönsten und die bittersten Stunden, meine geistige Entwicklung, meine wachsenden Erfolge an der Bühne, eine unendliche innere Bereicherung, aber auch den tiefsten Kummer. Meine Augen hatten durch ihn die Herrlichkeit der Welt gesehen, aber auch die verzweifeltsten Tränen geweint.“ [29]

Acht Jahre ist Tilla Durieux eine von Max Reinhardts wichtigsten Darstellerinnen. Zu ihren bedeutendsten Rollen zählen selbstbewusste Frauengestalten, etwa die Wassilissa in Gorkis „Nachtasyl“, die Klytämnestra in „Elektra“ von Sophokles, Lady Milford in Schillers „Kabale und Liebe“ und die Kunigunde in Kleists „Käthchen von Heilbronn“. Die Prinzessin Eboli in „Don Karlos“ wird von ihr erstmals als normaler, leidenschaftlicher Mensch gezeigt. Statt Effekthascherei wird das Ringen um Echtheit und Wahrheit spürbar. Eine ihrer Glanzrollen ist auch die Judith in Friedrich Hebbels gleichnamiger Tragödie.
Trotz dieser Erfolge hat sie Bedenken, ihren auslaufenden Vertrag mit Reinhardt zu verlängern. Sie ist verstimmt, dass er ihr die Rollen der Penthesilea in Kleists Drama und die der Hedda Gabler in Ibsens Stück vorenthält und ihrer Konkurrentin Gertrud Eysoldt zusagt, was ihrer Meinung nach einer Fehlbesetzung gleichkommt. Außerdem scheint Reinhardt aufgrund seiner Erfolge nachlässig geworden zu sein. Der Betrieb der „Kammerspiele“ und des „Deutschen Theaters“ bedingt Komplikationen, sodass manchmal Szenen gekürzt oder gestrichen werden müssen. Tilla Durieux bemängelt auch, dass Schauspieler oft verunsichert oder gegeneinander ausgespielt würden. Ihre letzte Vorstellung bei Reinhardt endet allerdings mit einem Triumph des Regisseurs und der Schauspieler.
Reinhardts Ziel ist die Wiederbelebung des griechischen Theaters, aber nicht für ein elitäres, sondern für ein Massenpublikum. Als Schauplatz für die Tragödie „Ödipus“ von Sophokles in der Bearbeitung von Hugo von Hofmannsthal wählt er das Gebäude des „Zirkus Schumann“ mit fünftausend Sitzplätzen. Er will eine Kunst mit monumentaler Wirkung. Die

Szenerie stellt an die Schauspieler schon rein stimmlich größte Anforderungen, auch ist es mühevoll, sich in dem Großraum zurechtzufinden, doch das Wagnis gelingt. Die Durieux als Jokaste, Alexander Moissi als Teiresias und Paul Wegener als Ödipus werden vom Publikum frenetisch bejubelt. Die Kritik beurteilt Reinhardts Experiment der Masseninszenierung allerdings zwiespältig. 1912 wechselt Tilla Durieux zu Otto Brahm, Max Reinhardts Rivalen, ans „Lessingtheater". Nun spielt sie die Hedda Gabler, und zwar in der Überzeugung, dass auf der Bühne kein Stil, keine Mode existiere, sondern nur klare Menschlichkeit. Sie deklamiert nicht, sondern bringt einen neuen, zeitgemäßen Ton auf die Bühne, sie ist auch nicht auf einen bestimmten Typus spezialisiert.

Heinrich Mann, einer ihrer vielen Bewunderer, charakterisiert ihre Vielseitigkeit auf der Bühne folgendermaßen:

„Sie hat alles, was modern heißt: Persönlichkeit, erarbeitet und wissend, nervöse Energie und die weite Schwungkraft des Talents. Ein Varietémädchen, das vor Geld- und Liebesschmerzen in groteskes Geheul ausbricht, und Judith, tragisch klagend um ihr Volk: Beides ist Tilla Durieux, und alles, was dazwischen liegt, Weltdame, Kaiserin, Luder, Heldin der Zeit, Heldin der Nerven."[30]

Heinrich Mann ist auch überwältigt von dem komischen Talent der Durieux, vor allem von ihrer Darstellung in seinem Einakter „Varieté". Ihr Sinn für das Komische führt sie immer wieder auch zur Kleinkunst, in die Brettl-Welt. So brilliert sie im „Kabarett der Namenlosen" mit Friedrich Hollaender am Klavier als wasserstoffblonder Hase mit Perücke und in einem rosa Seidennachthemd mit den frechsten Gassenhauern. Die neue Generation der Schauspielerinnen ist nicht mehr auf ein bestimmtes Rollenfach wie Naive, Sentimentale oder Femme fatale festgelegt, auch nicht auf das Fach der Komikerin oder der Tragödin. Diese neuen Schauspielerinnen, für die Tilla Durieux das beste Beispiel bietet, können alles spielen. Höhepunkte ihrer Darstellungskunst, mit der sie mit erstarrten Konventionen bricht, sind die Franziska in Frank Wedekinds gleichnamigem Stück und die Katharina in Max Dauthendeys „Spielereien einer Kaiserin".

Der Avantgardist Erwin Piscator, dessen Bühne im Theater am Nollendorfplatz mithilfe der Durieux und ihres dritten Ehemanns, dem Großindustriellen Ludwig Katzenellenbogen, finanziert wurde, bestätigt:

„Sie war niemals nur der Typ, der besondere Ausdruck einer bestimmten Zeit, einer bestimmten Theater-Epoche – niemals passée, wie so viele, die neben ihr standen. In ihrer bis heute mehr als sechzigjährigen Bühnenlaufbahn, an deren Beginn noch der Naturalismus stand, und an deren derzeitiger Strecke das absurde Theater schon nicht mehr steht, hat die hektische Art der Stile sie nie zu überrennen vermocht. Da ‚Stil' gewöhnlich nur die Kultivierung eines Mangels, ein Substanz-Ersatz ist, hat Tilla Durieux es nie nötig gehabt, zu stilisieren. Eher sprengte sie den Rahmen, wenn der Rahmen um sie zu eng gezogen war. Das ist das ‚Exotische' an ihr, wenngleich ihr dieses Attribut meist nur in äußerlichem Sinne zuerkannt wurde."[31]

Sie unternimmt zahlreiche Gastspielreisen, zuerst nach St. Petersburg, dann nach München, Wien und Prag. Nach Otto Brahms Tod 1912 schließen sich die Schauspieler zusammen, um das Theater weiterführen zu können. Als Direktor wird der renommierte Schauspieler Paul Wegener gewählt, für den Beirat schlägt Tilla Durieux die Schauspielerin Lucie Höflich und sich selbst vor. Sich selbst, weil sie glaubte, mit ihren Verbindungen zu Künstlerkreisen finanziell am meisten beisteuern zu können, und Lucie Höflich, damit auch eine zweite Frau vertreten ist. Sofort nach diesem Vorschlag regt sich bei den Männern Widerspruch. Frauen seien nicht geeignet, ein Amt zu bekleiden, lautet die Begründung. Auf Tillas Einwurf, dass gerade am Theater wie nirgendwo sonst die Leistungen von Frauen und Männern gleichzustellen seien, werden die Protest noch stärker. Mit der Frage, warum man sie nicht für unfähig gehalten hatte, Geld aufzutreiben, verlässt sie die Versammlung. Sie verlangt ihren Austritt, stößt aber wieder auf Widerstand, es wäre unkollegial, jetzt das Ensemble zu verlassen, wird ihr entgegengehalten. Sie bleibt und nachdem Victor Barnowsky Nachfolger Otto Brahms am Lessingtheater geworden war, spielt sie die Eliza Doolittle in „Pygmalion" von Shaw. „Ich hatte mir für den ersten Akt einen Dialekt zurechtgemacht, der als ‚Hernalserisch' in Wien wohlbekannt ist", erzählt sie in ihren Erinnerungen, „in Berlin jedoch die Leute fremd und außerordentlich komisch anmutete."[32]

KRIEGSBEGEISTERUNG UND PAZIFISMUS

Ein Herzenswunsch Tillas geht 1914, noch vor Ausbruch des Ersten Weltkriegs, in Erfüllung – von Auguste Renoir gemalt zu werden. Der bereits gelähmte Maler wird im Rollstuhl von einer Pflegerin ins Atelier geschoben und nimmt mit seinem Interesse am Berliner Theaterleben der Schauspielerin die Befangenheit. Denn wieder hatte sie das Gefühl übermannt, nicht schön oder nicht schön genug zu sein. Diese Unzufriedenheit verschwindet, und während der Unterhaltung macht Renoir eine Bemerkung, die für Tilla nach eigenen Angaben zum Schlüsselerlebnis wird: „Tragik wird immer falsch verstanden. Solange noch Tränen fließen, ist der Höhepunkt des Schmerzes noch nicht erreicht. Erst wenn der Mensch schon wieder lächelt, dann ist der Schmerz unüberwindlich und unendlich geworden."[33]

Jetzt erinnert sie sich, dass einige Kritiker an ihren Darstellungen die fehlenden Tränen bemängelt hatten, sie als „intellektuelle" Tragödin bezeichnet und ihr als Person mangelnde Tiefe des Gefühls unterstellt hatten. Alfred Polgar hatte zu ihrer Interpretation der Maria Stuart geschrieben: „Das Defizit an Wärme liegt im Persönlichen der Durieux. Auch das Glühende ist bei ihr wie um einen eisigen Kern geschichtet, Weichheit ein Willensakt. Nur durch die Mutterschaft des Verstandes kommt, scheint es, diese Ergreiferin zur Ergriffenheit. Tränen, braucht sie welche, muss sie importieren."[34] Nun erhält sie von Renoir die Bestätigung ihrer eigenen Erfahrung, dass man Gefühle auch verschließen oder auf der Bühne ohne Tränen darstellen kann. Sie fühlt sich rehabilitiert. Renoir malt ein lebensgroßes Porträt und Paul Cassirer und Tilla sind überglücklich. Doch dann müssen beide überstürzt aus Paris abreisen. Der Erste Weltkrieg beginnt und das Bild[35] bleibt zurück, es ist noch nicht trocken.

Wie auch in Wien feiert man in Berlin den Ausbruch des Krieges mit patriotischem Pathos. Menschenmengen jubeln den Soldaten zu, Bajonette werden mit Blumen geschmückt, man spricht von einem „reinigenden Stahlbad der Nation". Selbst Thomas Mann empfindet im Gegensatz zu seinem Bruder Heinrich den Krieg als eine „Reinigung" und als Ausstieg aus der „satten Friedenswelt". Auch Paul Cassirer ist kriegsbegeistert. Er meldet sich als Freiwilliger, lernt Autofahren und muss Meldungen und Anordnungen an die Front befördern. Sein Einsatz wird mit dem Eisernen Kreuz belohnt. Tilla will als Krankenschwester arbeiten, aber nicht wie die Damen der Berliner Gesellschaft den Offizieren den Schweiß von der Stirn wischen, sondern in Buch, wo im Lazarett die Schwer- und Schwerstverletzten liegen. Ihre anfängliche Kriegsbegeisterung schlägt jedoch bald in Skepsis und schließlich in Pazifismus um:

„Der erste Transport traf ein. Da erlebte ich einen grässlichen Schock. Zum ersten Mal sah ich das Elend, das der Wahnsinn des Krieges über die Menschen brachte. Hatte ich bisher überhaupt darüber nachgedacht? Langsam kam ich zu der Erkenntnis, dass mein Leben bis dahin nur in engen Kurven um meine eigene Person gekreist war. Es war mir nie bewusst, wie viele Menschen hingeopfert werden für die Launen und Fehler von Machthabern."[36]

Die bitteren Erfahrungen beider haben Einfluss auf ihre Beziehung. Paul, dem nun die Kontrolle über Tilla entzogen ist, schreibt böse und eifersüchtige Briefe. Tilla ist verstört, zeigt sie Pauls Bruder, dem Psychiater Richard Cassirer. Doch der meint beruhigend: „Du weißt ja, dass Paul immer ein bisschen verrückt war."[37] Als Tilla sich auf Weisung der Ärzte in Berlin erholen soll, da der zwölfstündige schwere Lazarettdienst ihre Gesundheit gefährdet, stürzt eines Abends Paul mit Gift in der Hand ins Zimmer, zertrümmert das Geschirr auf dem Tisch, schreit: „Ich nehme Gift!" und schluckt es. Er unterstellt ihr ein erotisches Abenteuer und glaubt nicht an die Harmlosigkeit eines Ausflugs auf die Insel Rügen, wie Tilla es beschwört. Paul wird gerettet, seine Brüder aber misstrauen Tilla und geben ihr die Schuld an dem Vorfall. Paul Cassirer wird für dienstuntauglich erklärt und kehrt nach Berlin zurück. Auch er ist im Krieg Pazifist geworden. Im Kunstsalon werden nun Vortragsabende mit pazifistischer Literatur geboten, worauf die Zeitungen von einem „pazifistischen Schlupfwinkel" berichten und eine Hausdurchsuchung durchgeführt wird. Paul, eben noch für dienstuntauglich erklärt, wird wieder einberufen und tritt in den Hungerstreik. Im Krankenhaus benimmt er sich derart auffällig, dass ihm die Ärzte völlige Dienstuntauglichkeit attestieren, doch bald darauf wird er wegen Fluchtgefahr verhaftet. Nach seiner Freilassung gelingt es dem Ehepaar Cassirer, in die Schweiz zu fliehen.

Zürich ist während des Krieges Treffpunkt zahlreicher Künstler und Intellektueller, gleichzeitig auch Zentrum von Spionage und Spekulantentum. Paul und Tilla leben, als gäbe es keinen Krieg. In Gesellschaft von Freunden und einflussreichen Persönlichkeiten genießt man Theaterabende und Konzerte, macht Ausflüge und feiert Feste. Paul kann geschäftliche Beziehungen anknüpfen, doch immer wiederkehrende Depressionen und Selbstmordgedanken werfen dunkle Schatten. Der renommierte Schweizer Psychiater Eugen Bleuler gibt Tilla den Rat, Paul nie allein zu lassen.

Nach Ende des Krieges kehrt Cassirer nach Deutschland zurück, in ein Berlin, das Max Liebermann folgendermaßen beschreibt: „Berlin ist zerlumpt, schmutzig. Abends dunkel und eine tote Stadt, dazu Soldaten, die Streichhölzer oder Zigaretten in der Friedrichstraße verkaufen, blinde Drehorgelspieler in halbverfaulten Uniformen, mit einem Wort: jammervoll."[38] Tilla Durieux wird vom „Münchner Nationaltheater", dem ehemaligen Hoftheater, für vier Monate engagiert. Bayerns Ministerpräsident, der Schriftsteller und Politiker Kurt Eisner, hat sich persönlich für sie verwendet. Am 21. Februar 1919 geht Tilla zur Probe ins Theater, Eisner ist auf dem Weg zum Landtag. Er wird mit zwei Schüssen – in den Kopf und in den Rücken – getötet. Tilla erlebt es aus nächster Nähe mit. Es folgt die Ausrufung der Münchner Räterepublik und über die Stadt wird der Ausnahmezustand verhängt. Tilla erkrankt schwer und liegt drei Monate lang in der Münchner Klinik von Prof. Ferdinand Sauerbruch.

Ein weiteres Unglück trifft Paul Cassirer. Sein Sohn Peter erschießt sich mit achtzehn Jahren im Berliner Tiergarten. Das Motiv ist unbekannt.

Als das Ehepaar wieder gemeinsam in Berlin lebt, ist es nicht mehr das Berlin, das es einmal war. Die Stadt hat sich verändert, Freunde haben sich zurückgezogen. Neureiche und Kriegsgewinnler prägen das Stadtbild. In dieser Zeit kommt es zu einer Beziehung zwischen Tilla Durieux und dem jüdischen Unternehmer Ludwig Katzenellenbogen, einem Freund des Paares. Katzenellenbogen ist Generaldirektor eines großen Konzerns, zu dem die Ostwerke-Schultheiss-Patzenhofer Brauereien sowie Zement-, Glas- und andere Fabriken gehören. Gleichzeitig ist er auch einer der Hauptaktionäre. Paul, der natürlich merkt, dass das Verhältnis seiner Frau zu Katzenellenbogen mehr als Freundschaft ist, quält sie mit seiner Eifersucht und seinen Besitzansprüchen. Die Spannungen mehren sich, werden unerträglich und steigern sich bis zur Katastrophe.
Tilla hat sich in ein kleines Hotel in Potsdam zurückgezogen, um sich Klarheit über ihre Gefühle zu verschaffen. Noch immer fühlt sie sich Paul, ihrem Geliebten und Ehemann, der auch ihr Lehrer war, verbunden, aber sie kann seine verletzenden und demütigenden Eifersuchtsszenen nicht mehr ertragen. In diesem quälenden Hin und Her erhält sie von Paul Pakete. Sie vermutet Versöhnungsgeschenke, täuscht sich aber: Paul hat mutwillig Gegenstände, die Tilla besonders teuer waren, zertrümmert und schickt sie ihr mit Briefen, in denen er sie beschimpft und verdächtigt. Nun weiß sie, dass eine Versöhnung nicht möglich ist und reicht die Scheidung ein.
Am Tag des Scheidungstermins liegt im Zimmer des Anwalts der Scheidungsvertrag zur Unterschrift bereit. Paul murmelt eine Entschuldigung und verlässt den Raum. Dann fällt im Nebenzimmer ein Schuss. Tilla stürzt hinaus und findet Paul blutüberströmt auf dem Boden liegend. „Nun bleibst du aber bei mir“, stöhnt er.[39] Am nächsten Tag stirbt Paul Cassirer im Alter von fünfundfünfzig Jahren im Krankenhaus.

Eine Welle der Empörung bricht über Tilla Durieux herein, Pauls Brüder geben ihr die Schuld an dessen Tod, man versucht sogar, sie vom Begräbnis fernzuhalten. Bei der Trauerfeier am 10. Jänner 1926 ist das ganze künstlerische Berlin versammelt. Die Witwe steht tief verschleiert abseits. Keiner der Verwandten habe ihr die Hand gereicht, berichtet Harry Graf Kessler.

Nach Cassirers Tod unternimmt Tilla eine bereits vorher geplante Gastspielreise. In einem Interview mit dem *Wiener Journal* sagt sie: „Die Arbeit ist wie ein Rausch. Verfliegt er, dann sieht man sich mit schmerzhaft wachen Augen in der Welt um und fragt sich: Was bleibt? Nichts bleibt. Man ist einsam."[40]

DIE SCHATTEN DES NATIONALSOZIALISMUS

1927 wird die „Piscator-Bühne" am Berliner Nollendorfplatz eröffnet. Piscators Inszenierungen von zeitgenössischen Stücken und Romanen wie Ernst Tollers „Hoppla, wir leben!" oder „Die Abenteuer des braven Soldaten Schwejk" nach Jaroslav Hašek beeindrucken durch bühnenästhetische Innovationen mit Film-, Ton- und Bühnenbildeffekten. Piscator bringt politisches Theater auf die Bühne, das im Publikum ein Bewusstsein für die Notwendigkeit, die Welt zu verändern, wecken soll. Tilla Durieux kommt in Kontakt mit Bert Brecht, dem Reporter Egon Erwin Kisch, dem Journalisten Leo Lania und dem Propagandisten der Sowjetunion, Ilja Ehrenburg. Was sie alle eint, sind die Angriffe der Presse. Die Nationalsozialisten haben sich bereits zu mächtigen Verbänden zusammengeschlossen. Trotz zahlreicher Besucher kann die „Piscator-Bühne" nicht gewinnbringend agieren und muss geschlossen werden, was hämisch kommentiert wird. Nun zieht sich die Durieux vorübergehend vom Theater zurück und veröffentlicht 1928 verschlüsselt ihre Erinnerungen in dem Roman „Eine Tür fällt ins Schloss" im Berliner Horen-Verlag.

Das Berlin der Jahre zwischen 1924 und 1929, die „Goldenen Zwanzigerjahre", bringt eine ungeheure Vielfalt in den Bereichen Kunst, Unterhaltung, Technik und Verkehr. Das Nachtleben nach amerikanischem Muster bietet unendlich viele Möglichkeiten, sich zu unterhalten und zu amüsieren. Abend für Abend strömen Tausende, die über das nötige Geld verfügen, in die Tanzpaläste, Kabaretts, Theater, Kinos und Cafés. Der überwiegende Teil der Bevölkerung kann sich diese Vergnügungen jedoch nicht leisten und kämpft mit Not und Arbeitslosigkeit, die durch die Weltwirtschaftskrise von 1929 verstärkt wird. „Überall, wohin man blickte, gab es Elend und Hunger. Berlins Straßen standen voller Arbeitsloser und Bettler, die Jugend verkam",[41] schreibt Tilla Durieux. Hitlers Aufstieg beginnt: „Ich wusste, dass nicht nur rheinische Industrielle, sondern auch Berliner Banken und Konzerne Hitler Geld zufließen ließen, keiner erkannte die Gefahr."[42]

Tilla Durieux und Ludwig Katzenellenbogen heiraten am 12. Februar 1930. Tilla kann ihren mondänen Lebensstil beibehalten und sich jeden Luxus leisten. In ihrer Wohnung hält sie sich einen Papagei, einen Hund, zwei Siamkatzen, ein Terrarium mit Alligatoren und ein Aquarium mit Zierfischen. Katzenellenbogen hatte ihr Vermögen gut investiert. Aber der rasante Kurssturz im Zuge der Weltwirtschaftskrise lässt sein Vermögen und auch das seiner Frau schwinden. Am 28. Oktober 1931 wird Katzenellenbogen verhaftet. Die Anklage lautet auf Bilanzfälschung und Untreue, der bis dahin hoch angesehene Unternehmer wird zu drei Monaten Gefängnis und zu einer Geldstrafe verurteilt. Der Prozess, der große Aufmerksamkeit erregt, und die vielfach antisemitische Berichterstattung der Presse machen aus Katzenellenbogen einen gebrochenen Mann.

Tilla Durieux steht nach all den Aufregungen wieder auf der Bühne und erntet Lob von Presse und Publikum. Sie unternimmt Gastspielreisen ins Ausland, unterrichtet am Mozarteum in Salzburg und unterstützt ihren Ehemann bei seinen Versuchen, sich eine neue Existenz aufzubauen. Doch jetzt ist Hitler an der Macht. Am 31. März 1933 werden die Schauspieler während der Vorstellung gewarnt, dass für den nächsten Tag ein „Juden-Boykott" und eine Demonstration vor dem Theater geplant seien. Tilla und ihrem Mann wird dringend zur Flucht geraten. „Die Vorstellung schloss um einviertel vor elf, um elf ging der Zug über Dresden nach Prag. Zum Glück befand sich der Bahnhof ganz in der Nähe des Theaters, und fünf Minuten vor Abgang konnte ich den Zug erreichen"[43], schreibt sie in ihren Erinnerungen.
In dem Zug sitzen Theaterdirektoren, Rechtsanwälte, Journalisten, Schriftsteller – alle auf der Flucht vor den Nazis. Nach Prag geht es für das Ehepaar Katzenellenbogen weiter in die Schweiz nach Ascona. Tilla spielt in der Schweiz, in Holland, in Skandinavien, im Elsass, in der Tschechoslowakei und in Österreich. Sie könnte zwar in der Schweiz bleiben, aber Katzenellenbogen wird steckbrieflich gesucht und muss das Land verlassen. Das Paar sucht Zuflucht in Zagreb in Jugoslawien. Von dort aus unternimmt Tilla Gastspielreisen, unter anderem auch nach Wien, wo sie in Gorkis „Nachtasyl" auftritt. Sie wundert sich über die in Wien herrschende Euphorie:
„In Wien befand sich die Bevölkerung in nervöser Stimmung. Sehr erstaunt war ich, als meine alten Bekannten sich für das Regime in Deutschland begeisterten und unbedingt für den Anschluss waren, von dem sie sich ein Aufblühen der öster-

reichischen Wirtschaft erhofften. Stundenlang redete ich auf sie ein, um ihnen klarzumachen, dass dieses Regime ihnen nur einen trügerischen Wohlstand bringen könnte."[44]
Ludwig Katzenellenbogen investiert die Reste seines Vermögens in eine Firma zum Bau von Autobussen, doch das Unternehmen geht in Konkurs. Tilla verkauft Bilder und steckt den Erlös in das heruntergekommene „Hotel Cristallo" in Abbazia, das heutige „Hotel Kristal" in Opatija. Es wird renoviert und ist bald voll belegt. Tilla spielt jetzt die Rolle der Gastgeberin und tritt bis 1938 auf Bühnen in Wien, Prag und Budapest auf. Am 12. März 1938 erfolgt Österreichs „Anschluss" an Deutschland, die ersten Judenverfolgungen beginnen. Tilla und Katzenellenbogen geben das Hotel in Abbazia auf und flüchten wieder nach Zagreb. Bei ihrem ersten Aufenthalt dort hatte Tilla durch Zufall die Gräfin Zlata Lubienski kennengelernt, die, wie sich später herausstellt, mit ihr verwandt ist.

EMIGRATION UND WIDERSTAND

Schon vor diesen Ereignissen hatte Tilla ihren Mann wiederholt gedrängt, sich um die Ausreise nach Amerika zu kümmern, doch Katzenellenbogen hatte sich stets dagegen gesträubt. Nun sind Visa für die Vereinigten Staaten nicht mehr zu bekommen, aber Estella Katzenellenbogen, Ludwigs erste Frau, hatte für das Ehepaar die Ausreise nach Kuba vorbereitet, da von dort die Einreise in die Staaten leichter war. Um die dafür nötigen Visa für Griechenland, die Türkei und England zu bekommen, fährt das Ehepaar nach Belgrad. Ein Spießrutenlauf beginnt: „(...) aber für das englische Visum war das türkische erforderlich, die Türken wiederum wollten erst das englische sehen, die Griechen beide."[45] Schließlich erteilt das türkische Konsulat die Visa, aber nicht das griechische. Da mittlerweile auch in Jugoslawien der Einmarsch der Deutschen droht, flüchtet das Paar nach Skopje, 250 Kilometer südlich von Belgrad. Nach bangem Warten kommt endlich die Nachricht, die Visa wären erteilt. Mit Ludwigs und ihrem Pass im Gepäck fährt Tilla nach Belgrad und hofft, nach zwei Tagen wieder zurück bei ihrem Mann zu sein. Sie wird ihn nie mehr wiedersehen.

Am Tag nach ihrer Ankunft in Belgrad wird die Stadt bombardiert. Das Konsulat wird getroffen, das Hotel, in dem sie abgestiegen ist, steht in Flammen, in ganz Belgrad herrscht Chaos. Zu Fuß gelangt Tilla nach einer vorübergehenden Festnahme, da man sie der Spionage verdächtigt, nach Velinka Plana in Serbien, wo ein serbischer Bauer sie aufnimmt. Von dort fährt sie mit dem Zug zurück nach Belgrad und trifft auf dem türkischen Konsulat einen Bekannten, den ehemaligen türkischen Konsul in Zagreb, Milan Maríc. Er verschafft ihr die erforderlichen Dokumente, sie fährt damit zu Zlata Lubienski in das bereits von den Deutschen besetzte Zagreb. Ludwig Katzenellenbogen hatte inzwischen versucht, nach Saloniki zu fliehen, wurde auf der Flucht verhaftet und nach Berlin verschleppt. Er stirbt 1944 im Jüdischen Krankenhaus in Berlin.

In Zagreb schließt sich Tilla der Untergrundbewegung an. Das Haus, das sie mit Zlata bewohnt, wird wie der umgebende Garten zu einem geheimen Zentrum, von dem aus die im Wald versteckten Partisanen mit Informationen, Medikamenten und Nahrungsmitteln versorgt werden. Tilla werden Namenslisten von Kindern anvertraut, die aufgrund einer von der faschistischen Ustascha gemeinsam mit den Deutschen durchgeführten „Säuberungsaktion“ von ihren Eltern getrennt wurden, um zwangsadoptiert zu werden. Diese Listen und andere Informationen werden in Flaschen überbracht, die sie im Garten vergräbt. Sie betreibt nämlich zur Tarnung, und auch um Fleisch zu bekommen, eine Kaninchenzucht und kann sich auf diese Weise mehrere Stunden im Garten aufhalten, ohne dass jemand Verdacht schöpft. Nach dem Krieg werden mithilfe dieser Geheimaktion Tausende Kinder ihre Eltern wiederfinden. Tilla Durieux bleibt in dem nach Ende des Zweiten Weltkriegs neu gegründeten Staat Jugoslawien und nimmt die jugoslawische Staatsbürgerschaft an. Ihren Lebensunterhalt verdient sie mit dem Nähen von Kostümen für ein Puppentheater in Zagreb.

„Wir führten Märchen und Volkssagen auf. Vor einer ‚Premiere' saß ich oft bis tief in die Nacht hinein, um alles fertigzubringen. Da waren alle Arten von Tieren zu machen, dazu Räuber, Ritter, Prinzen, Bauern und alles, was zum Märchen-Ensemble gehört. Ich bemühte mich, stilgerechte Kostüme der jeweiligen Zeit anzufertigen, hatte daran meinen Spaß und schöpfte aus meinen Kenntnissen."[46]

Berlin scheint aus ihren Gedanken genauso verdrängt zu sein wie ihr früheres Leben als Schauspielerin. „An das richtige Theater konnte ich nicht denken, und ich wollte es auch nicht, denn ich dachte, diese Zeit meines Lebens sei abgeschlossen."[47]

Man hatte die Schauspielerin aber nicht vergessen. Eine Agentur wird auf sie aufmerksam und am 30. September 1952 feiert die Durieux in Berlin ihr Bühnencomeback. Als Anath steht sie mit Ernst Deutsch in dem Schauspiel „Der Erstgeborene" von Christopher Fry auf der Bühne. 1953 folgen weitere Rollen. Sie pendelt zwischen Berlin und Zagreb und schreibt ihre Memoiren. Sie werden unter dem Titel „Eine Tür steht offen" 1954 in Berlin im Verlag Herbig veröffentlicht und erreichen mehrere Auflagen. Der Regisseur Helmut Käutner begegnet der Durieux, als er sich zur Vorbereitung für seinen Film „Die letzte Brücke" in Jugoslawien aufhält. Er kann sie für die Rolle der Mutter eines Partisanen gewinnen, der im Widerstandskampf ums Leben kommt. Neben ihr spielen Bernhard Wicki und die damals noch relativ unbekannte Maria Schell. 1955, im Alter von fünfundsiebzig Jahren, kehrt Tilla Durieux endgültig nach Berlin zurück. „In Wien kam mein Körper zur Welt, an einem Tag, wo mit Kanonen und Glockenschlag der 50. Geburtstag des Kaisers Franz Joseph gefeiert wurde. Berlin gab mir das geistige Erwachen. Wien schenkte mir die Heiterkeit, Berlin Ausdauer und eisernes Wollen."[48]

COMEBACK UND SPÄTE JAHRE

Die Hoffnungen, die sie in ihre Rückkehr gesetzt hat, erfüllen sich aber nur langsam. Ihr Theaterstück „Zagreb 1945" wird zwar in Luzern aufgeführt, bleibt sonst aber unbemerkt. Das Theater und die Schauspielstile haben sich verändert. Die Rollen, für die Tilla vor ihrer Flucht berühmt war, kann sie aufgrund ihres Alters nicht mehr spielen. Für sie kommen jetzt die Rollen der Mütter und Schwiegermütter, der Tanten und der Großmütter infrage. Sie spielt sie mit Humor, verschmitzt und gleichzeitig temperamentvoll im Theater, in Hörspielen, in Filmen und im Fernsehen. Da es nicht gelingt, wieder in ein Ensemble Aufnahme zu finden, spielt sie in Bremen, Wiesbaden, Hannover, Wien, Darmstadt, München, Essen, Luzern und Münster – mit der Folge, dass sie dem Publikum in den verschiedensten Rollen an verschiedenen Orten präsent bleibt und zum unbestrittenen Liebling der deutschen Bühnen wird. Sie lebt hauptsächlich in Hotels, und als die Schauspielerin Inge Lange sie in einem Gespräch fragt, ob dies nicht anstrengend sei, antwortet sie: „Anstrengend? (...) Ich kann mir nichts Schöneres denken, als jeden

Tilla Durieux als Marie Bornemann in „Langusten“

Abend mit einer Rolle, die man gern hat, auf der Bühne zu stehen und jeden Morgen in einer anderen Stadt wach zu werden." [49]

Noch mit 89 Jahren geht Tilla Durieux auf Gastspielreise. Ihre beiden letzten Premieren sind 1969 die Claire in dem bürgerlichen Epos „Durch die Wolken" von François Billetdoux und die Mary-Anne Carter in der Komödie „Zwei ahnungslose Engel" von Erich Ebermayer. Ein großer Erfolg gelingt ihr mit der Darstellung der Marie Bornemann in Fred Dengers Monodrama „Langusten", in dem sie neunzig Minuten alleine auf der Bühne steht. Gustav Gründgens, der die Vorstellung 1962 in Hamburg gesehen hat, schreibt in einem Brief:

„Ich sah sie gestern in ‚Langusten'. Ich bin kein überschwänglicher Mensch, aber hier darf ich meine ehrliche Begeisterung nicht in mich hineinfressen. Das war eine ganz herrliche, mit großem künstlerischem Geschmack und einer bewundernswerten Selbstdisziplin vorgetragene Leistung. Man ist heutzutage so glücklich, wenn man etwas aus vollem Herzen bejahen kann – und so glücklich war ich gestern Nachmittag."[50]

Tilla Durieux erhält Ehrungen und Auszeichnungen und wird Ehrenmitglied verschiedener Berliner Ensembles. Zu ihrem neunzigsten Geburtstag wird ihr das Große Verdienstkreuz des Verdienstordens der Bundesrepublik Deutschland verliehen. Sie stirbt am 21. Februar 1971 an den Folgen eines Oberschenkelhalsbruchs. Ihr Todestag ist der 100. Geburtstag Paul Cassirers. Ihre Ruhestätte auf dem Städtischen Waldfriedhof Berlin-Charlottenburg befindet sich neben seinem Grab.

Cilli Wang

DIE ZAUBERIN

1909–2005

„Zauber der Verwandlung" hieß eine Ausstellung im Österreichischen Theatermuseum 1981, in der die verblüffende Verwandlungskunst der Cilli Wang präsentiert wurde. Heute weitgehend vergessen, kann sie als eine der wichtigsten Wegbereiterinnen moderner Performancekunst bezeichnet werden. Die Künstlerin selbst hat ihre pantomimischen Tänze mit parodistischen, grotesken und kabarettistischen Elementen in selbst geschneiderten Kostümen und mit großen, selbst geschaffenen Puppen, die zu ihrem Markenzeichen wurden, „Verwandeleien" genannt:
„Ich (...) erhebe zu einer Kunstform, was alle Kinder, was alle Primitiven tun: die Kinder, wenn sie Eisenbahn und Autos ‚sind', die Primitiven, wenn sie Tiger ‚sind' oder Teufel. Wäre es nicht so selten, was ich mache, (...) dann gäbe es schon längst eine passende Bezeichnung dafür, und man würde nicht immer, aus Verlegenheit, meine Tänze grotesk oder parodistisch nennen. Für mich selbst nenne ich sie ‚Verwandeleien'. Denn das scheint mir das Entscheidende zu sein,

dass ich mich in irgendetwas oder irgendwen verwandeln kann, dass gar nichts von mir als Privatperson übrig bleibt."[51]

KINDHEIT UND ERSTE KARRIERESCHRITTE

Die am 1. Februar 1909 in Wien geborene Tänzerin, Kabarettistin, Komikerin und Puppenspielerin kommt aus liberalem jüdischem Haus. Schon als Kind zeigt sich ihre scharfe Beobachtungsgabe, indem sie Eltern, Lehrer und Kinder mit parodistischen Nachahmungen zum Lachen bringt.
Sie erinnert sich:
„Ich hatte die Fähigkeit zur Beobachtung, und ich sah die Schwächen der Erwachsenen sehr bald, und wenn ich sie imitierte, waren sie erstaunt und lachten. Als kleines Mädchen war es für meine Familie eine Unterhaltung, wenn ich mich verkleidete und Szenen spielte, in denen ich zeigen konnte, was ich sah."[52]
In ihrer Schultasche trägt sie ihr Repertoire mit sich: komische Texte für Erwachsene, die sie für ihre Zwecke adaptiert hatte, falsche Nasen, Brillen und Schnurrbärte als Hilfsmittel. Wann immer sich eine Gelegenheit zu einer Vorstellung ergibt, ist sie bereit. Die seriösesten Professoren amüsieren sich und die Kinder haben einen Riesenspaß.
Aber Cilli Wang sieht ihre berufliche Zukunft auf der Bühne, die nötige Ausbildung will sie sich selbst finanzieren. Sie bricht daher die Schule ab und macht eine Lehre in einem Atelier für Kunstgewerbe und bei einer Stickerin. Anschließend arbeitet sie als Modistin. Ihre dabei erworbenen handwerklichen Fähigkeiten werden ihr später bei der Herstellung ihrer Kostüme, Masken, Requisiten und vor allem ihrer Puppen sehr zugute kommen. Sie inskribiert Tanz an der Akademie für Musik und darstellende Kunst in Wien,

wo Gertrud Bodenwieser, die legendäre Wegbereiterin des Ausdruckstanzes, ihre Lehrmeisterin wird. Noch während des Studiums lernt sie den Schauspieler und Stimmbildner Ernst Ceiss kennen, der ihr Gedichte vorliest, Goethes „Gesang der Geister über den Wassern", Wilhelm Buschs „Das Klavier" und Christian Morgensterns „Das große Lalula". Cilli ist von der Melodie der Sprache so fasziniert, dass sie ganz spontan danach zu tanzen beginnt. 1928 kommt dieser „Tanzabend nach gesprochenem Wort" zur Aufführung.

Plakat „Cilli Wang und Fritzi Klein tanzen in der Komödie" (1929)

„Ernst Ceiss stand – im Frack – links vorne auf der Bühne und deklamierte, (...) während ich im selbst gemachten Gazeschleierkostüm die Wellen tanzte, das Klaviertier und den Virtuosen mimte und schließlich auch das große Lalula darstellte, im türkischen Phantasiekostüm mit Turban, ähnlich dem kleinen Muck von Hauff."[53]

Der Abend ist ein Erfolg, die Kritiken sind gut und durchaus ermunternd. Aber nach „kurzer Zeit hatte ich genug davon, die Stimme meines Partners zu hören, und ich beschloss, die Texte selbst zu sprechen. Die Sprache hat mir immer viel bedeutet und mich zur Darstellung inspiriert."[54] 1930 begegnet Cilli Wang in Berlin dem Autor, Schauspieler, Regisseur und Philosophen Hans Schlesinger, den sie 1932 heiratet. Er wird ihr Partner, Coach und Lebensmensch. Der Schau-

spieler, Dramaturg und Regisseur folgt ihr nach Wien und fördert sie in ihrer künstlerischen Entwicklung. Zahlreiche zeitbezogene und politische Texte stammen von ihm. Sein Monodrama „Harlekinade“ in verschiedenen Versmaßen ist durch die zahlreichen Rollen- und Szenenwechsel für die Darstellerin zwar äußerst strapaziös, wird aber Cilli Wangs größter Erfolg. Sie tritt damit auf verschiedenen Wiener Kleinkunstbühnen und in Kabaretts auf, unter anderem im „Lieben Augustin“ unter der engagierten Gründerin und Leiterin der Bühne, Stella Kadmon.
Das Ehepaar Wang-Schlesinger gründet das Theaterstudio „Beispiele“, muss es nach kurzer Zeit aber aus finanziellen Gründen schließen. Nun zeigt sich Cillis Vater, Marcus Wang, spendabel. Er schenkt dem Paar ein Atelier, in dem Schlesinger Schauspiel- und Sprechunterricht geben kann. In kurzer Zeit mutiert das Atelier zu einem Zentrum von Geselligkeit und des Gedankenaustauschs mit Künstlerfreunden. Man trifft hier Leon Epp, Fritz Hochwälder, Veza und Elias Canetti, um nur einige zu nennen. Mit dem Ehepaar Canetti schließen Hans Schlesinger und Cilli Wang eine Freundschaft, die ein Leben lang währt.

VON DER „PFEFFERMÜHLE“ NACH OTTAKRING

1931 und 1932 spielt Cilli Wang in Berlin im deutsch-russischen Emigrantenkabarett „Der blaue Vogel“ und im politischen Kabarett „Katakombe“. 1935 wird die „Katakombe“ auf Befehl des Propagandaministers Joseph Goebbels von der Gestapo geschlossen. In diesem Jahr fährt Cilli Wang in die Schweiz, um sich Thomas Manns Tochter Erika vorzustellen, deren Kabarett „Pfeffermühle“ wenige Wochen nach der Premiere in München aus Deutschland vertrieben worden war. In Zürich

hatte es als Exilkabarett Zuflucht gefunden. Das Verhältnis der beiden Damen ist privat etwas reserviert, ihre Zusammenarbeit aber verläuft professionell und erfolgreich vor ausverkauften Häusern. Cilli präsentiert unter anderem die „Fenster putzende Zäzilie" nach Christian Morgenstern und den „Suppenkaspar" nach Heinrich Hoffmanns „Struwwelpeter", der angesichts der politischen Verhältnisse zum „Krisenkaspar" mutiert.
Cilli Wang ist vom 1. Dezember 1935 bis zum 8. Mai 1936 bei der „Pfeffermühle" engagiert, dann wird das politisch stets scharf gegen Nazi-Deutschland ausgerichtete Programm immer öfter von antisemitischen Zwischenrufen gestört, eine der letzten Vorstellungen muss unter Polizeischutz stattfinden. Die „Pfeffermühle" unternimmt Tourneen in die Tschechoslowakei, nach Belgien, Luxemburg und in die Niederlande. Erika Mann stellt fest, dass ihre „leidenschaftlichsten Wünsche" nach einem Ende der Nazidiktatur mit denen „des niederländischen Volkes" identisch seien. Die Gastspiele der „Pfeffermühle" sind ausverkauft. Die tausendste Vorstellung findet 1936 am „Rika Hopper Theater" in Amsterdam statt und Cilli Wang ist mit dabei. Als jedoch die niederländische Regierung immer rigoroser darauf bedacht ist, künstlerische Angriffe auf Nazi-Deutschland zu unterbinden, kehrt Erika Mann Europa den Rücken und versucht in New York Fuß zu fassen. Cilli kehrt nach Wien zurück.
In Wien tritt sie im „Simpl", Wiens ältestem Kabarett, auf und wieder im „Lieben Augustin" im Souterrain des Café Prückel. 1936 versucht Hans Schlesinger noch einmal einen Rahmen für die Darbietungen seiner Frau zu schaffen und gründet das Kabarett „Der fröhliche Landmann" im Café Landtmann. Aber in finanziellen Dingen hat der gebildete, kunstsinnige und sensible Doktor der Philosophie keine gute Hand, das ambitionierte Vorhaben scheitert. Schließlich übernimmt er die Leitung der Schauspielabtei-

lung an der Volkshochschule Ottakring, damals Volksheim Ottakring, das „als eine Stätte höherer wissenschaftlicher Ausbildung und reichen künstlerischen Genusses für die breiten Schichten des werktätigen Volkes" gegründet worden war.[55] Die Institution, die auch Sitz der ersten Abendvolkshochschule Europas ist, erlangt in der Zwischenkriegszeit enorme kulturelle und politische Bedeutung. Auf literarischem Gebiet wirken dort Autoren wie Egon Friedell, Alfred Polgar, Robert Musil, Hermann Broch und Elias Canetti, deren Stimmen im Ständestaat Österreich kaum gehört wurden. In jenen Jahren kommen auch Schauspieler aus Deutschland auf ihrem Weg ins Exil nach Wien und nehmen Kontakt mit dem Ensemble auf. Cilli Wang ist Mitglied des Ensembles und fällt durch ihre Intensität im Spiel und ihre enorme Wandlungsfähigkeit auf. Als Christopherl in Nestroys Posse „Einen Jux will er sich machen" erntet sie „Heiterkeitsexplosionen", da sie „ihn nicht mit einem harmlosen lieben Lausmädel-Gesicht gab, sondern ihn mit scharf karikierenden grotesken Zügen zu einem richtigen Buben werden ließ, der bei jedem Ulk dabei ist".[56] Bald gibt sie auch eigene Tanzabende, an denen sie auf der Bühne allein ist.

„Denen, die sie damals gesehen haben, werden ihre gesprochenen Pantomimen, etwa Christian Morgensterns ‚Fenster putzende Zäzilie', der ‚Suppenkaspar' aus dem Struwwelpeter, ihre Ländler-Parodie oder der an sich und seiner Kunst zweifelnde und schließlich verzweifelnde Maler in Erinnerung geblieben sein. Wenn es ‚entfesselte Schauspielkunst' im besten Sinn des Wortes gibt, bei Cilli Wang ist sie zu finden",[57] schreibt Ernst Schönwiese.

Die Künstlerin sei mit Recht mit Charlie Chaplin verglichen worden und als bedeutendste Vertreterin des deutschen Ausdruckstanzes als ‚Pawlowa der Parodie' bezeichnet worden, heißt es vonseiten der Kritik.[58] Auch Viktor Matejka, ein Pionier der politischen Bildung und nach 1945 legendärer Kulturstadtrat in Wien, erinnert sich an einen Abend mit Cilli Wang:

„Als Tänzerin allein erlebte ich diese einzigartige Frau im großen Saal der Volkshochschule am Ludo-Hartmann-Platz in Ottakring zwischen 1933 und 1936. Stürmisch bekannte sich die Ottakringer Volkshochschulgemeinde zur aktuellen Verwandlungskunst der Cilli Wang – aus dem ‚Suppenkaspar' wurde der ‚Krisenkaspar', aus ‚Napoleon' ‚Der kleine Mann'. Dort entfaltete sich, zum Unterschied vom immer ungeistiger werdenden offiziellen Österreich, ein Geist von damals ignorierten Österreichern wie Robert Musil, Hermann Broch oder Elias Canetti."[59]

Zeichnung von Cilli Wang als junge Frau

EXIL UND VERFOLGUNG

Im März 1938, beim Einmarsch deutscher Truppen in Österreich, sind Cilli Wang und Hans Schlesinger gerade auf Tournee im Ausland und befinden sich plötzlich in der Emigration. Mithilfe ihres Wiener Freundes Martin Klein-Viggo erhält Cilli Wang eine Arbeitserlaubnis für die Niederlande. Das Ehepaar übersiedelt nach Den Haag und Cilli tritt jeden Abend mit großem Erfolg auf verschiedenen Bühnen auf. Dabei erweist sich als Glücksfall, dass die Niederländer an deutschsprachiger Literatur und deutschsprachigem Theater interessiert sind und von Kabaretts und Operetten aus Wien oder Berlin geradezu schwärmen. Der Einmarsch deutscher Truppen in den Niederlanden Anfang Mai 1940 verschlechtert allerdings die Lebensbedingungen der jüdischen Exilanten. Rund 20.000 Flüchtlinge aus Deutschland und rund 8400 aus Österreich hatten dort Zuflucht gefunden. Aber bereits 1938, als infolge der „Reichskristallnacht" jüdische Flüchtlinge aus Deutschland einreisen wollen, war die sprichwörtlich gewordene Toleranz des Landes, das selbst wirtschaftliche Schwierigkeiten hatte und seine Neutralität bewahren wollte, an ihre Grenzen gestoßen. Die Regierung hatte die Einreise nur jenen Flüchtlingen erlaubt, die nachweisen konnten, dass sie dem Staat keinerlei Kosten verursachen würden.

Bis 1941 tritt Cilli Wang öffentlich auf, so in einem Café in Den Haag, gemeinsam mit der österreichischen Geigerin Alma Rosé. Ende 1941 gelingt es Schlesinger und Wang, bei Freunden unterzutauchen. Alma Rosé flieht nach Frankreich, wird dort aufgegriffen und nach Auschwitz deportiert. Als Leiterin des sogenannten „Mädchenorchesters von Auschwitz" entkommt sie der unmittelbaren Vernichtung. Sie stirbt 1944 an den Folgen einer Erkrankung ungeklärten Ursprungs.

1942 werden Juden auch in den Niederlanden gezwungen, deutlich sichtbar den Judenstern zu tragen. Cilli weigert sich und entkommt so den alltäglichen Übergriffen und Demütigungen. Bei einem ihrer Auftritte im Café löst sie mit einer Parodie auf einen Tiroler Ländler den Protest der anwesenden deutschen Soldaten aus und muss die Zusammenarbeit mit dem niederländischen Cafébesitzer beenden, um ihn nicht zu gefährden. Sie lebt nun mit Hans Schlesinger illegal und von holländischen Widerstandskämpfern unterstützt in Hilversum. Das Paar ist überzeugt, den Krieg zu überleben, und schöpft aus dieser Hoffnung die Kraft, weiterhin Inszenierungen und Programme zu entwickeln. „Während sie Morgen für Morgen erwachten, der Gefahr von Verhaftung und Verschiebung wohl bewusst, galt ihr wahres Leben jenen heiteren Gebilden, mit denen Cilli später Menschen aller Sprachen und Rassen, von Kalifornien bis Neu-Guinea, hinreißen und zu den reinsten Glücksgefühlen führen würde", [60] beschreibt Elias Canetti die Arbeit der beiden während dieser Zeit.

1942 beginnt die systematische Deportation von Juden in deutsche „Arbeitslager". Nun wird der Aufenthalt extrem gefährlich. Das Ehepaar wird aufgerufen, sich beim zuständigen „Judenrat" (*Joodsche Raad*) zu melden. Cilli Wang meldet sich und erhält den Befehl, am nächsten Tag mit dem notwendigen Gepäck am Bahnhof zu erscheinen. Darauf beschließen sie und Schlesinger, bei Freunden unterzutauchen. Cilli Wang ist über die Vorgangsweise des Judenrates empört. Sie erinnert sich später:

„Der Skandal war, dass diese Leute imstande waren, ihre eigenen Leute in den Tod zu schicken. Anstatt dass sie sagen: ‚Nach Möglichkeit, verschwind's!', sind sie uns nachgegangen und haben gesagt, wir werden bestraft, wenn wir nicht kommen (...) Das werde ich denen nie verzeihen."[61]

Das Ehepaar entgeht zwar der Deportation, doch kommt es am 10. April 1945, wenige Wochen vor Kriegsende, zur Tragödie. Deutsche Soldaten suchen in dem Haus, in dem das Paar illegal wohnt, nach Hörern verbotener Radioprogramme. Sie befragen auch Cilli Wang an der Haustüre der geheimen Wohnung und ziehen – mit Cillis Antwort zufrieden – wieder ab. Hans Schlesinger aber, der sich auf dem Dachboden versteckt hält, regt sich darüber so stark auf, dass er einen Herzinfarkt erleidet und stirbt.

WELTKARRIERE IM ZWEITEN ANLAUF

Cilli Wang als „russische Tänzerin" 1961

Cilli Wang verliert mit seinem Tod ihren geliebten Ehemann, ihren Textschreiber und ihren Regisseur. Trost findet sie in ihrer Arbeit. 1946 gibt sie ihren ersten Soloabend ohne Sprache an der „Koninklijke Schouwburg" in Den Haag. Hier präsentiert sie auch die „Cilli Symphonie" in Anspielung an Walt Disneys Zeichentrickfilmserie „Silly Symphonies" und steht damit am Beginn einer erfolgreichen internationalen Karriere. Ab 1946 bis etwa 1980 hinein folgen Tourneen nach Amerika, Afrika, Australien, Indonesien, Neuseeland und durch Europa. „Trotz allem, was sie früher bereits vermochte, und obwohl ich sie vor dem Krieg schon als ausgebildete und eigenständige Persönlichkeit kannte, würde ich doch sagen, dass diese heimlichen Jahre in Holland die eigentlichen, die entscheidenden Lehrjahre Cilli Wangs gewesen sind",[62] meinte ihr lebenslanger Freund Elias Canetti.

Ihre „Verwandeleien" sind inspiriert von Charlie Chaplin, Walt Disney, Wilhelm Busch und Christian Morgenstern. In „Max und Moritz" nach Busch ist sie sowohl Max als auch Moritz, wenn der eine fällt, springt der andere über ihn und schaut sich verblüfft nach seinem verlorenen Partner um. In „Mondänes Tanzpaar" ist sie Tänzer und Tänzerin, ihre Nummer „Weltturnier 19 (...)?" wird später als Kampf

Richard Nixons mit Leonid Breschnew um die Weltherrschaft interpretiert. In „Salon-Giraffe“ karikiert sie die feinen Damen von Den Haag, in „Vögelchen“ tanzt sie als kleiner Vogel zur Musik von Paganini. Das Entfalten, Aufblühen und Verwelken einer Blume lässt sie die Zuseher in „Kinder der Flora“ miterleben. In der „Kleiner Mann Serie“ widmet sie sich den Freuden und Nöten der kleinen Leute, zum Beispiel in „Der Sklave des Alltags“, „Der kleine Mann am Sonntag“ oder „Der musikalische Nachbar“.
In allen ihren Darstellungen entführt sie das Publikum poetisch, karikierend, parodierend und humoristisch in eine Welt der Fantasie und des Traums. In Österreich tritt sie 1948 im Großen Konzerthaussaal auf, 1951/52 im „Wiener Werkel“, 1953 bei den Salzburger Festspielen und 1969 bei den Wiener Festwochen. Begleitet wird sie seit 1950 vom niederländischen Pianisten Wim de Vries. Ihr Verständnis von Kunst präzisiert sie mit folgenden Worten:
„Ich meine, dass Kunst zu nichts anderem da sein sollte als zur Verwandlung, Verzauberung des ganzen Menschen. Die Arbeit des Künstlers muss einmal aufhören, bloße Kunst zu sein, l'art pour l'art, sie muss l'art pour réalité werden, eine Art Magie. Wir durchschauen vollkommen die Unwirklichkeit der Bühne und müssen trotzdem glauben.“[63]
1971, als die Tourneen für de Vries zu anstrengend werden, beendet Cilli Wang ihre Bühnenkarriere und kehrt vier Jahre später in ihre Heimatstadt zurück. 1994 wird sie mit dem Goldenen Verdienstzeichen der Stadt Wien ausgezeichnet. Konfrontiert mit der Tatsache, dass alle ihre Verwandten dem Holocaust zum Opfer gefallen sind, resümiert sie: „Nur keine Rache, nur keine Vergeltung.“[64]
Am 10. Juli 2005 stirbt Cilli Wang in Wien.

Hedy Lamarr

DIE MARMORNE SPHINX

1914–2000

Betrachtet man ihre Porträts, so vermeint man, hinter der Maske makelloser Schönheit und kühler Distanz eine Dimension wahrzunehmen, die jenseits von Glamour und Filmbusiness liegt. Ist es ein Abglanz europäischer Kultiviertheit, den die Wienerin mit nach Hollywood gebracht hat? Oder ist es der scharfe Intellekt der späteren Erfinderin, den keine Schminke abdecken konnte? Ihr Gesicht, das legendäre „Filmgesicht", das für die Großaufnahme wie geschaffen ist, verschließt sich einer vordergründigen Interpretation, lässt vieles offen.

JUGEND UND ERSTE ERFOLGE

Hedy Lamarr, als Hedwig Kiesler am 9. November 1914 in Wien geboren, genießt als Tochter wohlhabender jüdischer Eltern – der Vater ist Bankdirektor, die Mutter künstlerisch ambitioniert – alle Annehmlichkeiten und Privilegien des an

Kunst und Kultur interessierten Wiener Großbürgertums zu Beginn des 20. Jahrhunderts. Vom Vater maßlos verwöhnt, wird sie von der Mutter, die eine Karriere als Pianistin aufgegeben hat, zu Disziplin angehalten. Hedy unterstellt ihr fehlende Zuneigung, weil sie sich angeblich einen Sohn gewünscht habe – eine Annahme, die von Kindheit an ein Wechselspiel von Nähe und Entfremdung in der Mutter-Tochter-Beziehung mit sich bringt. Zu einem Wechselspiel der Extreme wird sich der ganze Lebenslauf der Wienerin gestalten, vom rasanten Aufstieg zu einem der höchstdotierten Hollywoodstars bis zum Niedergang als Ladendiebin, vom begehrten Sexsymbol zur Erfinderin von Grundlagen moderner Kommunikationstechnik.
Als junges Mädchen ist Hedy außerordentlich hübsch, umschwärmt und selbstbewusst. „Anders als viele gut erzogene Mädchen ihrer Zeit hatte sie ein sehr freies Verhältnis zu ihrem Körper und genoss alle seine Freuden und Vorzüge. Sie handelte, um zu gefallen, und Sex gefiel Hedy sehr."[65] Sie interessiert sich für Theater und Film, schwänzt die Schule und besucht stattdessen die Sascha-Film-Studios in Sievering. Dort meldet sie sich als Scriptgirl, ohne zu wissen, was das eigentlich ist. Ihr Selbstbewusstsein beschert ihr 1930 eine winzige Rolle in dem Film „Geld auf der Straße" unter der Regie von Georg Jacoby.
Ein Skandal – ein abgewiesener Liebhaber soll sich ihretwegen eine Kugel in den Kopf gejagt haben – bewirkt, dass die Eltern eine Schauspielausbildung in Berlin erlauben, in der Hoffnung, dass die Gerüchte in Wien verstummen. In Berlin bezirzt Hedy Max Reinhardt, den berühmten Erneuerer des Theaters, und besucht dessen Schauspielschule. Sein begeistertes Urteil „Hedy Kiesler ist das schönste Mädchen der Welt"[66] ist dem Start ihrer Karriere natürlich förderlich. Unter Alexander Granowskij spielt sie 1931 an der Seite des

bereits berühmten Peter Lorre in „Die Koffer des Herrn O. F.", dann folgen die Filme „Die Blumenfrau von Lindau", „Sturm im Wasserglas" und „Viel Lärm um Toni", alle drei unter der Regie Georg Jacobys. Unter Carl Boese spielt die damals Achtzehnjährige 1932 in dem Film „Man braucht kein Geld", in dem auch Heinz Rühmann und Hans Moser mitwirken. Der Film läuft sogar in New York und Hedy erntet Lob in der *New York Sun*: „Einziger Lichtblick in diesem trüben Klamauk ist die beeindruckende Attraktivität eines neuen teutonischen Fräuleins, Hedy Kiesler."[67] Auch am Theater feiert sie erste Erfolge: Reinhardt besetzt sie 1931 in seiner Bühnenproduktion „Das schwache Geschlecht", einer Komödie von Edouard Bourdet, am Theater in der Josefstadt.
Mit einem Schlag berühmt und skandalisiert wird sie aber mit dem unter der Regie von Gustav Machatý gedrehten Film „Ekstase". Er kommt im Jänner 1933 in Prag und einen Monat später in Wien in die Kinos. Von der Kritik hochgelobt und mit dem Regiepreis ausgezeichnet, sorgt der Film in Österreich, Deutschland, aber vor allem in den USA, wo er als „liberales Machwerk" bezeichnet wird, für Empörung und Verbot. In Deutschland verbietet ihn die nationalsozialistische Filmprüfstelle, erst 1935 kommt er zensuriert unter dem Titel „Symphonie der Liebe" in die Kinos. Auslöser des Skandals sind jedoch nicht nur die Nacktszenen – die Darstellerin badet nackt und läuft nackt durch den Wald –, denn Hedy Kiesler ist keineswegs die erste Nackte in der Filmgeschichte. Das absolute Novum in „Ekstase" ist die Großaufnahme des Gesichts einer Frau im Augenblick sexueller Befriedigung. Hedys Eltern, die bei der Premiere anwesend sind, verlassen entsetzt das Kino, und Hedy gelobt, nie wieder als Schauspielerin aufzutreten. Aber bald darauf singt und spielt sie als Zweitbesetzung für Paula Wessely die Kaiserin Elisabeth in Fritz Kreislers Operette „Sissy".

Einer ihrer glühendsten Verehrer, der sie bei jedem Auftritt mit Blumen überhäuft, ist der Besitzer der Hirtenberger Patronenfabrik, Fritz Mandl. Hirtenberger ist in der Zwischenkriegszeit eine der weltgrößten Rüstungsfabriken. Der schillernde Waffenproduzent hat glänzende Beziehungen zu Mussolini, aber auch zur deutschen Armee und Marine. Am 10. August 1933 wird der schwerreiche Bonvivant und Frauenheld Hedys erster Ehemann. Die Trauung findet in der Wiener Karlskirche statt. Zuvor war Hedy auf seinen Wunsch zum Katholizismus konvertiert.

Der um vierzehn Jahre ältere Mandl bietet seiner jungen Frau jeden erdenklichen Luxus, und sie genießt es, zumindest in den ersten Monaten, bei opulenten Abendgesellschaften juwelengeschmückt die mondäne Gastgeberin zu spielen. Man hat sich später, nachdem Hedy als Hollywoodstar gemeinsam mit George Antheil das sogenannte „Frequency Hopping" entwickelt hat, gefragt, woher ihre fulminanten physikalischen Kenntnisse stammten. Wahrscheinlich hat sie als junge Ehefrau bei den Gesprächen ihres Mannes, der mit Waffenhändlern jeglicher politischer Couleur in Geschäftsbeziehungen stand und über die verschiedensten Waffensysteme verhandelte, viel gelernt und aufgeschnappt. Mandl, der seine schöne Frau seinen Geschäftsfreunden gleichsam als Trophäe präsentiert, wünscht bei allen seinen Zusammenkünften und Einladungen ihre Anwesenheit. Wie sich bald herausstellt, ist Mandl notorisch eifersüchtig, seine Frau darf nicht allein sein. Ist er auf Reisen, lässt er sie rigoros überwachen und sogar einsperren. Sein Versuch, sämtliche Kopien des Films „Ekstase" aufzukaufen, kostet ihn ein Vermögen, misslingt aber. Als sich nämlich herumspricht, dass ein Verrückter Filmkopien kauft, werden immer mehr Kopien hergestellt und angeboten.

In diesem „goldenen Käfig“ kann Hedy nur an Flucht denken. Diese gelingt beim dritten Versuch mithilfe eines Dienstmädchens. Mit heimlich gespartem Geld landet sie über Paris in England. 1937 reicht Mandl die Scheidung ein. „Alles, was ich wollte, war Freiheit“, wird Hedy später sagen.

Es gibt verschiedene Versionen, auf welche Weise Hedy mit dem Filmmogul Louis B. Mayer, mächtiger Boss des Filmstudios Metro-Goldwyn-Mayer, in London ins Gespräch kam. Jedenfalls befindet sie sich bald danach mit einem Sieben-Jahres-Vertrag bei MGM bei einer Wochengage von 550 Dollar in der Tasche auf dem Luxusdampfer „Normandie“ und trifft am 30. September 1937 in New York ein. Dort ist sie als „Ecstasy Lady“ bekannt und wird von Reportern mit Fragen überschüttet. Das aber ist nicht im Sinne Mayers. Im prüden Amerika will er nur „saubere“, familientaugliche Filme drehen. Aus Hedwig Kiesler wird Hedy Lamarr, nach der verstorbenen Stummfilmdiva Barbara La Marr. Die Erinnerung an die frivole Nackte aus dem europäischen Skandalfilm „Ekstase“ ist gelöscht.
In Hollywood gerät Hedy zunächst in die Fänge des schönen Scheins der Filmindustrie. Friseure, Schneider, Fotografen, Masken- und Kostümbildner machen aus der europäischen Schauspielerin einen Hollywoodstar, brünett und mit Mittelscheitel. Ihr dunkler Typ, die schlanke Figur und ihre aristokratisch anmutende Ausstrahlung verdrängen das bisher geltende Schönheitsideal vollbusiger Wasserstoffblondinen. Louis B. Mayer will sie als „die schönste Frau der Welt“ vermarkten. Lamarrs Reiz ist „der diskrete Charme der Fremdheit (...) inmitten des Hollywood-Betriebes, die Auflösung der Künstlichkeit in natürliche Eleganz“,[68] beschreibt Peter Körte in der Biografie Hedy Lamarrs die Wirkung der aus Europa importierten Schauspielerin.

Auf einer Party lernt Hedy den französischen Schauspieler Charles Boyer kennen, damals bereits ein Star, der mit Marlene Dietrich, Katharine Hepburn, Danielle Darrieux und Greta Garbo gedreht hat. Er ist von Hedy so fasziniert, dass er ihre Mitwirkung in „Algiers" unter der Regie von John Cromwell durchsetzt. Der Film ist Hedy Lamarrs Hollywooddebüt und der Beginn ihrer Karriere. Bei der Oscarverleihung 1939 wird er in vier Kategorien nominiert, darunter Charles Boyer als bester Hauptdarsteller. Der Film ist ein Riesenerfolg und Hedy Lamarr avanciert zum meistbegehrten Coverstar in Zeitschriften, Magazinen und Plakatwänden. In den folgenden Filmen spielt sie Exotinnen, marmorne Schönheiten oder dient als menschliche Studiodekoration. Tiefe des Charakters ist nicht gefragt.

Doch mit der Zeit werden ihre Rollen anspruchsvoller. Sie spielt mit Spencer Tracy und Clark Gable in „Boom Town" und wird vom Publikum vergöttert. In der Kommunismus-Satire „Comrade X" spielt sie wieder an der Seite von Clark Gable eine Sowjetbürgerin, in „Come live with me" eine illegale Wiener Immigrantin, die einen armen Schriftsteller, gespielt von James Stewart, heiratet. 1941 gibt sie neben Judy Garland, Lana Turner und James Stewart im Revuefilm „Ziegfeld Girl" von Robert Z. Leonard eine glamouröse Broadway-Diva. Eine waschechte Amerikanerin stellt sie im gleichen Jahr in der Beziehungsgeschichte „H. M. Pulham, Esq." dar. Der erfolgreichste Film dieser Zeit, der auch das meiste Aufsehen erregt, ist der 1942 entstandene Streifen „White Cargo", in dem sie als Dschungelschönheit leicht bekleidet tanzend weiße Männer um den Verstand bringt. In dem Film sei so viel Sex, „dass ich der Versuchung nicht widerstehen konnte, mein Marmorgöttin-Image zu zerstören",[69] stellt sie fest.

Die Jahre während des Zweiten Weltkriegs sind ihre kommerziell ertragreichsten. „Es ist sicher, dass ich einige dreißig Millionen Dollar verdient und ausgegeben habe",[70] bekennt sie später. Ihre anfängliche Euphorie für den Film schwindet und weicht langsam einer Ernüchterung, schlägt sogar in Aversion um. Ihre enormen Gagen sind kein Ersatz für den Mangel an Begeisterung. Mit Louis B. Mayer kommt es zu Auseinandersetzungen, da sie sich gegen die Ausschlachtung ihres Privatlebens zu Reklamezwecken wehrt. Sie ist eigenwillig und gilt als schwierig. Die Hauptrollen in „Casablanca" und in „Gaslicht" lehnt sie ab und verhilft damit ungewollt ihrer Konkurrentin Ingrid Bergmann zum Durchbruch. Wie fast alle Schauspieler in Hollywood leidet sie unter der physischen und psychischen Ausbeutung durch die Filmindustrie. Ärzte versorgen Stars bedenkenlos mit Medikamenten und Drogen, von Kokain über Amphetamin bis zu Opiaten, um sie funktionstüchtig zu halten. „Dr. Feelgood", wie Hedy ihren Arzt nennt, gibt ihr Pillen zum Aufwachen und zum Schlafen. „Die Folge war, dass Hedy schon wenige Jahre nach ihrem Hollywoodstart stark pillenabhängig war. Sie sollte es ihr Leben lang bleiben."[71]

Hedy Lamarr in „The Strange Woman", 1946

Die Meinungen über die künstlerischen Fähigkeiten der Schauspielerin Lamarr sind geteilt, sie selbst war sich über die Bescheidenheit ihrer Leistungen durchaus im Klaren. Vielleicht fehlte es an Regisseuren, die mehr aus ihr herausholen konnten. Filmen ist für sie ein Job, um Geld zu verdienen, die künstlerische Seite des Films bleibt ihr fremd. Sie konzentriert sich auf Gagenverhandlungen und ihr Privatleben. Die Zahl ihrer Affären, ob wahr oder zugeschrieben, ist atemberaubend.

FREIZÜGIGKEIT UND ERFINDERGEIST

Gesichert sind sechs Ehemänner. 1939 heiratet Hedy Lamarr den Autor und Filmproduzenten Gene Markey, ein Kind wird adoptiert, die Ehe im nächsten Jahr geschieden. Hedy kämpft um das Sorgerecht für Sohn James und bekommt es. Warum sie dann nichts mehr von ihm wissen wollte, bleibt im Dunkeln. „Ich habe die James-Story nie verstanden, sie macht mich heute noch traurig",[72] sagt ihr leiblicher Sohn Anthony Loder. Nach der Scheidung von Gene Markey heiratet sie 1943 den Schauspieler John Loder und bekommt zwei Kinder, die Tochter Denise und den Sohn Anthony. 1947 wird die Ehe geschieden. Die mit dem Schweizer Immobilienhändler Teddy Stauffer 1952 geschlossene Ehe währt sieben Monate. Bereits im nächsten Jahr heiratet sie den texanischen Ölmilliardär Howard Lee und bleibt über fünf Jahre mit ihm verheiratet. Sie will ihre Karriere aufgeben und eine vorbildliche Ehefrau sein. Doch diese Rolle wird ihr bald langweilig. Nach einem langen Rosenkrieg erfolgt die Scheidung mit enormen Anwaltskosten und zahlreichen anderen Gerichtsverfahren, bei denen einmal sie die Klägerin, das andere Mal die Angeklagte ist. 1963 heiratet Hedy Lamarr ihren Anwalt Lew Boies, den sechsten und letzten Ehemann. 1965 erfolgt die Scheidung.
Am 1. Oktober 1941 lautet die Schlagzeile auf der ersten Seite der *New York Times*: „Hedy Lamarr Inventor". Von einer Erfindung ist die Rede, die niemand dem skandalumwitterten

Star zugetraut hätte. Aber Hedy Lamarr ist eine entschiedene Antifaschistin. Gemeinsam mit dem Komponisten George Antheil arbeitete sie an einer Erfindung, die laut *New York Times* für die nationale Verteidigung so wichtig sei, dass sie in die „red hot"-Kategorie falle und Details nicht veröffentlicht würden, da sie mit der Fernsteuerung eines Kriegsgeräts zu tun habe.
Die Meldung bezieht sich auf die Erfindung der Funkfernsteuerung für Torpedos. Seit Mitte der dreißiger Jahre gab es in der Militärtechnik Überlegungen, Torpedos durch Funk fernzusteuern, denn wenn sie einmal abgefeuert waren, verfehlten sie durch Meeresströmungen und Ausweichmanöver leicht ihr Ziel. Das Grundwissen Hedys über diese Technik stammt vermutlich aus Hedys Ehe mit dem Waffenproduzenten Fritz Mandl. Um den Gegner zu verwirren und eine Dechiffrierung zu verhindern, soll das Funksignal nicht auf einer einzigen Frequenz übermittelt werden, sondern auf einer willkürlichen Folge unterschiedlicher Frequenzen. Die Aufgabe, die Signalsequenz bei Sender und Empfänger zu synchronisieren, löst George Antheil, ein ebenso leidenschaftlicher Gegner Nazi-Deutschlands wie Hedy Lamarr, indem er auf das Funktionsprinzip des automatischen Klaviers zurückgreift, das durch eine Art Lochstreifen gesteuert wird. Daraus resultiert der Entwurf für 88 Frequenzen, denn aus 88 Tasten besteht die Klaviatur.
Der Entwurf wird unter der Bezeichnung „Secret Communication System" 1942 beim Patentamt eingereicht. Das US-Militär macht von der Erfindung zwar keinen Gebrauch, heute aber wird das Verfahren unter dem Namen „Frequency Hopping" in der mobilen Kommunikationstechnik, bei Handys, Schnurlostelefonen, Bluetooth, Internetinhalten und in militärischen Satelliten eingesetzt. Es bildet die Basis einer Milliarden-Dollar-Industrie. Die Erfinder können allerdings keinen Nutzen daraus ziehen.

In der Titelrolle von „Samson und Delilah", 1949

KARRIEREENDE UND DEPRESSION

Der finanziell erfolgreichste Film in Lamarrs Karriere ist „Samson und Delilah", die Verfilmung einer Geschichte aus dem Buch der Richter aus dem Alten Testament unter der Regie von Cecil B. DeMille, einem Spezialisten für Monumentalfilme mit Massenszenen und opulenter Ausstattung. Hedy bekommt für ihre Rolle eine Gage von 100.000 Dollar. Nach der Premiere am 21. Dezember 1949 spielt der Film allein in den USA knapp das Vierfache seines Budgets von rund drei Millionen Dollar ein. Auch für die folgenden Filme „A Lady without Passport" und „Copper Canyon" kassiert die Lamarr je 100.000 Dollar Gage.

Ab 1950 verebbt ihre Karriere langsam, 1958 dreht sie ihren letzten Film.
1966 erscheint ihre Autobiografie mit dem Titel „Ecstasy and Me", verfasst von einem Ghostwriter nach der Methode „Sex sells", und sorgt für einen Skandal. Welche Passagen Hedy Lamarr tatsächlich selbst so erzählt hat, wie sie im Buch zu lesen sind, und welche hinzugedichtet wurden, wird ein Geheimnis bleiben, denn die Interviewmitschnitte sind verschollen. Sie selbst behauptet, sie habe das Manuskript nie autorisiert und nie einen Penny von den beträchtlichen Einnahmen durch den Verkauf bekommen.
Das Buch ist jedoch nicht der einzige Skandal des Jahres 1966. Im Jänner wird sie in einem Kaufhaus in Los Angeles wegen Ladendiebstahls festgenommen. Zu diesem Zeitpunkt hat sie gerade mit den Dreharbeiten zu einem neuen Film von Joseph E. Levine begonnen. Mit der Begründung, sie habe die Dreharbeiten „verlassen", wird sie von Levine gefeuert. Ihre Karriere als Filmstar ist zu Ende. Wiederholte Ladendiebstähle im Zustand von „innerer Unruhe, Stress und einem Realitätsverlust", wie Psychiater bescheinigen, erwirken vor Gericht Freisprüche.

1967 zieht Hedy Lamarr nach New York. Ihre Depressionen versucht sie mit noch mehr Medikamenten und Drogen zu behandeln, Schönheitsoperationen sollen die Spuren des Alterns verwischen. Sie verlässt kaum ihre Wohnung, ihr Leben ist einsam. „Oft saß sie stundenlang auf ihrem Kingsize-Bett und sagte Dinge wie: ‚Meine Schönheit war mein Fluch'",[73] berichtet ihr Sohn Anthony Loder. Eine Makula-Degeneration hat zur Folge, dass sie fast erblindet. Nachdem das Sehvermögen durch Operationen wieder einigermaßen hergestellt ist, beginnt sie zu malen. In Hollywood hat man sie vergessen. Informationen über diese Zeit sind spärlich, auch widersprüchlich. Ihre Tochter Denise klagt, dass ihre Mutter bei Telefongesprächen immer weniger zwischen Realität und Einbildung unterscheide.

SPÄTE ANERKENNUNG

1997, drei Jahre vor ihrem Tod, erinnert man sich an Lamarrs geniale Erfindung des Frequenzsprungverfahrens und verleiht ihr den „Pioneer Award" der *Electronic Frontier Foundation*. Ihr lakonischer Kommentar: „It's about time!" Anthony Loder nimmt den Preis stellvertretend für seine Mutter entgegen. Auch in Österreich besinnt man sich mit großer Verspätung auf die Erfinderin. Auf Vorschlag von Peter Paul Sint von der Österreichischen Akademie der Wissenschaften erhält Hedy Lamarr am 16. Oktober 1998 die Viktor-Kaplan-Medaille, die höchste Auszeichnung, die in Österreich für eine Erfindung vergeben wird. Anthony Loder nimmt sie im Schloss Esterházy in Eisenstadt entgegen.

Den Rest ihres Lebens verbringt Hedy Lamarr in Altamonte Springs in Florida. Sie stirbt in der Nacht zum 19. Jänner 2000 friedlich im Schlaf.

Drei Jahre nach ihrem Tod erfüllen Anthony und Denise den letzten Wunsch ihrer Mutter. Sie verstreuen einen Teil ihrer Asche Am Himmel in Döbling, in jenem Bezirk, in dem sie geboren wurde und aufgewachsen ist.

Die Stadt Wien ehrt die lange vergessene Wienerin mit einem Ehrengrab. Die Beisetzung der Urne fand am 7. November 2014 auf dem Zentralfriedhof statt. Eine besondere Ehrung wurde der Erfinderin Hedy Lamarr vom Präsidenten der Akademie der Wissenschaften Anton Zeilinger und vom Rektor der Universität Wien Heinz Engl am 12. Dezember

2014 erwiesen, indem sie dem Teleskop für quantenphysikalische Experimente auf dem Dach des Instituts für Quantenoptik und Quanteninformation den Namen „Hedy Lamarr Quantum Communication Telescope“ gaben. Der 9. November wird in den deutschsprachigen Ländern als „Tag der Erfinder“ gefeiert. Es ist Hedy Lamarrs Geburtstag.

Emanzipation

und

Extravaganz

Betrachtet man die Forderungen der Frauen nach dem Zugang zu außerhäuslichen Berufen, nach Erlangung des Wahlrechts als Mittel politischer Mitbestimmung und nach Bildung durch den Besuch höherer Schulen und Universitäten als wichtigste Kriterien weiblicher Emanzipation, so beschränkten sich diese hauptsächlich auf das Bürgertum. In Arbeiter- und Bauernfamilien waren Frauen und Kinder zur Arbeit gezwungen. Adelheid Popp, die Begründerin der proletarischen Arbeiterschaft, war sicher keine Ausnahme, wenn sie trotz einer gesetzlichen Schulpflicht von acht Jahren als Zehnjährige die Schule verlassen musste, um zwölf Stunden zu arbeiten. Es gab niemanden, der Einspruch erhob.

Für Frauen des Adels und des wohlhabenden Bürgertums kam Erwerbstätigkeit nicht infrage. Töchter aus diesen Familien wurden auf ihr zukünftiges Leben als Ehefrau und Mutter vorbereitet, adelige Töchter darüber hinaus auf ihre Stellung als Dame der Gesellschaft, die elegant zu repräsentieren verstand. Schließlich war bis zum Endes des Ersten Weltkriegs die Hocharistokratie, die sogenannte „Erste Gesellschaft", hoffähig. Man gehörte ihr an, wenn man mindestens sechzehn hochadelige Ahnen vorweisen konnte. Hoffähig bedeutete, dass man Hofbälle besuchen und an feierlichen Ereignissen des Kaiserhofes teilnehmen durfte, auch bestimmte Hofämter waren den Mitgliedern der Hocharistokratie vorbehalten.

Die Erziehung adeliger Töchter war daher hauptsächlich auf die Beherrschung tadelloser Manieren ausgerichtet. Das junge Mädchen musste lernen, unter allen Umständen Contenance zu bewahren, Fremdsprachenkenntnisse, Klavierspiel und Smalltalk waren ebenfalls nötig, um in der Gesellschaft eine gute Figur zu machen. Eine tiefere, umfassendere Bildung war nicht vorgesehen, sie hätte die Heiratschancen nur vermindert, da auch bei den meisten Söhnen dieser exklusiven Gesellschaftsschicht Bildung kein besonders anzustrebendes Ziel war. Die junge Gräfin Nora Kinsky, die der böhmischen Hocharistokratie angehörte, war in ihrem Bildungseifer sicher eine Ausnahme. Neben dem Hochadel gab es – gesellschaftlich streng geschieden – den niederen Adel, die sogenannte „Zweite Gesellschaft". Sie bestand hauptsächlich aus vermögenden Unternehmern, Offizieren, Bankiers, auch Künstlern. Der Kaiser hatte sie als Lohn für treue Dienstleistungen in den Ritter- oder Freiherrenstand erhoben. Das den Töchtern suggerierte Ziel, möglichst reich, möglichst vornehm und möglichst bald zu heiraten, war das gleiche.

In der zweiten Hälfte des 19. Jahrhunderts ging die vorherrschende Stellung der Hocharistokratie allerdings zu Ende. Hoffähig wurden nun automatisch Geheimräte, Minister und Hofräte. Aus der „Zweiten Gesellschaft" mit einem maßgeblichen Anteil jüdischer Großbürger entwickelte sich das moderne liberale Bürgertum. Die bevorzugte Wohngegend wohlhabender Industrieller und Unternehmer wird der von Kaiser Franz Joseph 1865 eröffnete Prachtboulevard der Wiener Ringstraße, was den Bewohnern vonseiten der Hocharistokratie den Spottnamen „Ringstraßenbarone" bescherte.

Als wirtschaftliche Krisen, auch als Folge des Börsenkrachs von 1873, das finanzielle Fundament bisher wohlhabender Familien erschütterten, stellte sich die Frage, wie unverheiratete Töchter zu versorgen sind. Auch manche Ehefrau musste sich fragen, wer die Familie ernährt, wenn der Familienerhalter seine Stellung verliert oder stirbt. Man musste erkennen, dass die Ehe keine Garantie für eine Existenzsicherung bot und die bisher übliche Mädchenbildung nicht für einen Beruf ausreichte, der eine Familie erhalten und ernähren konnte. Schließlich nahmen sich verschiedene Frauenvereine des Problems an, wobei die anzustrebenden Berufe der „Wesensart und den Tugenden der Weiblichkeit" entsprechen sollten. Die Auswahl beschränkte sich daher auf Kindergärtnerin, Lehrerin, Erzieherin oder Gouvernante. Sich über Schranken und Einengungen hinwegzusetzen, mit dem eigenen Kopf zu denken und selbstbestimmt leben zu wollen, wie es die Gräfin Nora Kinsky, Wanda von Sacher-Masoch und Frida Strindberg-Uhl taten, war ein bewusstes Abweichen von gängigen Normen, es war Extravaganz.

Norbertine Gräfin Kinsky von Wchinitz und Tettau

DIE ADELIGE ROTKREUZSCHWESTER

1888–1923

Folgt man Monika Czernins Romanbiografie „Ich habe zu kurz gelebt. Die Geschichte der Nora Gräfin Kinsky",[74] in der sie den Charakter der jungen Norbertine, genannt Nora, beschreibt, so kann man sicher sein, dass sich die siebzehnjährige Komtesse sehr gefreut hat, als ihre Tante Bertha von Suttner 1906 mit dem Friedensnobelpreis geehrt wurde. Kaum gefreut dürfte sich Noras Vater haben. Oktavian Zdenko Graf Kinsky von Wchinitz und Tettau ist böhmischer Hocharistokrat und Majoratsherr[75] auf Chlumetz in Böhmen. Er ist Herr des Schlosses Karlskron (Karlova Koruna) oberhalb der Stadt Chlumetz an der Cidilina (Chlumec nad Cidlinou) und Herr über 51 Dörfer, 16 Reviere und 24 arrondierte Höfe. Seine Frau Georgine Ernestine, eine geborene Gräfin Festetics, stammt aus Ungarn.

Kinsky und seine Standesgenossen können mit der Friedensidee der „roten Bertha" oder „Friedensbertha", wie sie süffisant genannt wird, nichts anfangen, mehr noch – sie gilt ihnen als Symbol für alle Übel der im Wandel begriffenen

Zeit, nämlich Liberalismus, Feminismus und Pazifismus. Bertha von Suttner ist zwar eine geborene Gräfin Kinsky, zählt aber nicht zum Hochadel, da es ihr an den notwendigen sechzehn hochadeligen Vorfahren mangelt. Ihr Vater war seinem Herzen gefolgt und hatte eine nicht standesgemäße Ehe mit einer Frau mit gewöhnlichem „von" geschlossen, was seiner Witwe und den Kindern wirtschaftliche Nachteile brachte.

In Chlumetz weiß man natürlich Bescheid über das Schicksal der armen Verwandten Bertha. Ihr Lebenslauf als Gouvernante, später als Sekretärin bei Alfred Nobel sowie die heimliche Heirat mit dem um sieben Jahre jüngeren Arthur Gundaccar von Suttner und beider Flucht nach Mingrelien[76] im Westen Georgiens passt nicht in das Weltbild der abgeschotteten, in sich geschlossenen Hocharistokratie. Noch weniger passt, dass das Ehepaar arbeiten musste, um sich den Lebensunterhalt zu verdienen. „Der böhmische Adel war bis zum Ersten Weltkrieg eine kleine, unendlich wohlhabende, politisch einflussreiche Elite. 300 hochadelige Familien besaßen über ein Drittel der Landesfläche. Grundbesitze über 10.000 Hektar waren keine Seltenheit",[77] schreibt Monika Czernin. Und als in der zweiten Hälfte des 19. Jahrhunderts sich die Welt durch neue Technologien, Industrialisierung und Landflucht rasant verändert, der böhmische Adel aber zäh an seinen Privilegien festhält, die auf Abstammung und nicht auf Leistung beruhen, schreibt Bertha von Suttner mit ihrem Insiderwissen, der österreichische Adel „sei von der Moderne am wenigsten angekränkelt! In der hiesigen Atmosphäre herrscht ein seliges Nichtwissen all der Dinge, die die das Jahrhundert bewegen, (...) an der Welt etwas ändern wollen – welch ein Frevel! Eine Welt, die so schön, so ordnungsmäßig, so harmonisch, so traditionsgeheiligt, so vorsehensgeleitet ist." [78]

Mehr noch als der unangepasste, als skandalös empfundene Lebensstil Bertha von Suttners muss ihre pazifistische Gesinnung Anstoß erregt haben. Damit rührt sie an das Selbstverständnis des Adels, dessen vornehmliches Betätigungsfeld seit Jahrhunderten der Krieg ist.

EIGENSINN UND WISSENSDURST

Die junge Komtesse Nora, am 18. Dezember 1888 als sechstes von neun Kindern in Wien geboren, zeigt mit ihrer Bewunderung für die Friedensnobelpreisträgerin, dass sie aus der Reihe tanzt, dass sie eigenständig denkt und nicht gewillt ist, sich ungeprüft Konventionen und Traditionen zu fügen. Mit Eltern und Geschwistern und einer Schar von Kinderfräulein, Gouvernanten und Hauslehrern und natürlich einer angemessenen Zahl von Dienern, Köchen, Reitknechten etc. wächst sie in Schloss Karlskron mit seinem prächtigen Park auf.

Mingrelien ist das Zauberwort ihrer Kindheit, das Land der Märchen und Träume und das Land ihrer Großmutter Iphigenie Prinzessin Dadiani. Diese hatte sich in den jungen Leutnant Johann Graf Kinsky verliebt, ihn geheiratet und war ihm nach Böhmen gefolgt. Der Sohn des Paares war der Vater Noras und ihrer Geschwister. Wie hätte sie da nicht ihre Tante Bertha bewundern sollen, die mit ihrem Mann durchgebrannt war und bei der schönen Fürstin Ekaterina Dadiani von Mingrelien Zuflucht gefunden hatte? Über dieses Land will sie alles wissen, mehr als ihr der Hauslehrer Jiri Špicka darüber erzählen kann.

Mehr weiß er über die Geschichte des tschechischen Volkes und von dem Streben der Tschechen nach Freiheit, davon erzählt er Nora. Heimlich ist er sogar Nationalist, aber dennoch dem Hause Kinsky gegenüber loyal, wie es auch sein Vater und sein Großvater gewesen waren. Nora ist außerordentlich intelligent und verfügt über ein besonderes Sprachentalent, vielleicht ein Erbe ihrer Großmutter aus dem fernen Land Georgien, in dem sich Völker und Sprachen mischen. Sie strotzt vor Energie und ist trotz Lernstunden, Klavierunterricht und den Reitausflügen nicht ausgelastet.

Um ihren Drang nach Betätigung zu lenken, übergibt ihr die Mutter die Aufsicht über die jüngeren Geschwister, und der Vater vertraut ihr seinen Reitstall an. Die Pferde in Chlumetz sind etwas Besonderes, eine eigene Rasse mit dem Namen Kinsky-Pferde. Oktavian Graf Kinsky, der Onkel von Noras Vater, hatte mit der Zucht dieser besonders schönen und bei Turnieren und der berühmten Steeplechase in Pardubitz oft erfolgreichen Rennpferde begonnen. Noras Vater führt sie weiter. Selbstverständlich sind alle Kinsky-Kinder hervorragende Reiter. Noras Ehrgeiz ist es, mindestens so gut zu reiten wie Kaiserin Elisabeth, die als die beste Reiterin ihrer Zeit galt und in der Spanischen Hofreitschule sogar Dressur ritt. Nora hätte sie gerne einmal im Sattel gesehen, aber die Kaiserin war ermordet worden, als Nora zehn Jahre alt war.

Ihre Mutter macht sich Gedanken über die Zukunft Noras. Wie soll aus dieser so energischen, klugen und selbstbewussten Tochter eine sanfte, gefügige Ehefrau werden? Denn das den jungen Aristokratinnen vorgegebene Ziel ist nun einmal eine standesgemäße Heirat. Liebe braucht es dazu nicht unbedingt, „Liebe ist etwas für Stubenmädchen", sagt man den jungen Komtessen, um ihnen von vornherein diesbezügliche Flausen auszutreiben. Aber ob mit Liebe oder ohne, Nora interessiert sich nicht für ein angepasstes Eheleben innerhalb der starren Mauern eines noch so schönen und reichen Schlosses. Einer Tradition aber muss sie sich fügen. Wie es

Porträtaufnahme der jungen Nora Kinsky

bereits ihre älteren Schwestern erlebt haben, kommt auch für sie die Zeit, „in die Welt zu gehen". Das bedeutete nichts anderes, als während der winterlichen Ball- und Faschingssaison zum ersten Mal einen Ball zu besuchen.
Ziel dieser exklusiven Bälle war es, einen geeigneten Heiratskandidaten für das junge Mädchen zu finden. Und geeignet sind ausschließlich Männer der gleichen sozialen Schicht. Es sei denn, ein Majoratsherr, der Erstgeborene und alleinige Erbe eines großen Vermögens, kommt in Sicht. Dann ermunterten die Mütter ihre Töchter zu einem noch freundlicheren Gesicht, schließlich galt die Heirat mit einem Majoratserben als Garantie für eine glänzende Zukunft. Ein bitteres Los

wird jedoch jenen jungen Mädchen zuteil, bei denen es zu keiner Verlobung kommt. Sie können mit den erforderlichen sechzehn adeligen Ahnen zwar Hofdame werden, aber diese begehrten Stellen sind rar, oder sie treten mit der erforderlichen finanziellen Ausstattung in ein Damenstift ein. Monika Czernin schreibt über diese Art von Welt:
„Eine Welt so klein und gut überwacht, dass ein Augenaufschlag zu viel oder zu wenig über Aufstieg und Fall ganzer Familien entscheiden konnte. Eine Welt in den Händen des jahrhundertealten Hofzeremoniells, das selbstverständlich auf den Bällen des Hochadels ebenso galt wie auf den legendären Hofbällen selbst. Eine Welt, die aus einigen hundert Familien bestand, alle untereinander bekannt, ein wenig degeneriert wie eine hochgezüchtete Pferderasse. ‚In die Welt gehen' beinhaltete schließlich die irrige Annahme, dass dies eben die Welt sei, es gar keine andere gäbe, oder zumindest keine andere, in die zu blicken oder zu gehen sich lohnen würde."[79]

DIE VORNEHME PFLICHT DER WOHLTÄTIGKEIT

Es gibt sie aber, diese andere Welt. Europa rüstet auf und ein Krieg wirft seine Schatten. Bald werden auch die Aristokraten gezwungen sein, sich dieser Welt zu stellen. Am 28. Juni 1914, am Tag des heiligen Veit, für die Serben der Tag der Erinnerung an ihre Niederlage im Kampf gegen die Türken im Jahr 1389, werden in Sarajevo der österreichische Thronfolger Erzherzog Franz Ferdinand und seine morganatische Gattin Herzogin Sophie von Hohenberg (geborene Gräfin Chotek) von einem serbischen Nationalisten erschossen. Sieben Tage vor dem Attentat lag Bertha von Suttner, die Kämpferin für den Frieden, im Sterben. Ihre letzten Worte waren: „Die Waffen nieder, sagt es allen."[80] Aber die meisten hörten nicht zu.

Als am 28. Juli 1914 der Erste Weltkrieg ausbricht, ist Nora fünfundzwanzig Jahre alt. Bereits im Oktober 1913 hatte sie sich freiwillig beim Roten Kreuz gemeldet und einen Kurs absolviert. Wohltätigkeit gehört durchaus zu den selbstverständlichen Pflichten adeliger Damen. Manchen gelingt dadurch ein erster Schritt zu einer Tätigkeit außer Haus und damit zur Emanzipation, für Nora Kinsky wird sich so der Wunsch nach Freiheit erfüllen.

Kurz nach Beginn des Krieges errichtet sie in einer Dependance des väterlichen Schlosses ein Lazarett für Kriegsversehrte und leitet es, bis ihr 1916 das k. u. k. Kriegsministerium eine besondere Aufgabe überträgt. Aufgrund einer Initiative der Familie des russischen Zaren Nikolaus II. besteht nämlich ein Abkommen zwischen den kriegführenden Parteien, wonach es jeder Partei erlaubt ist, unter Mitwirkung eines Beauftragten des neutralen Roten Kreuzes auf fremdem Territorium die Gefangenenlager der eigenen Landsleute zu inspizieren. Berichte darüber sollen es ermöglichen, gegen die Verletzungen der Haager Landkriegsordnung zu protestieren. Fünf österreichische und sechs deutsche Rotkreuzschwestern mit jeweils einem Vertreter des dänischen Roten Kreuzes und einem russischen Begleitoffizier sollen die Gefangenenlager in einem bestimmten Gebiet besuchen, Missstände in der Behandlung wenn möglich abstellen oder nach Wien und Berlin melden. In einem Bericht der *Wiener Reichspost* war in einem Nachruf auf die früh verstorbene Nora Kinsky zu lesen, dass „die Wahl wie von selbst auf Gräfin Kinsky fiel", als es darum ging, „Vertreterinnen der heimischen Roten Kreuze nach Russland zu entsenden, um (...) das Los der Kriegsgefangenen zu verbessern", da sie „über geradezu unglaubliche Sprachkenntnisse"[81] verfügte.

Nora Kinsky beherrscht neben Deutsch, Englisch, Französisch und Italienisch auch Tschechisch, Ungarisch, Polnisch, Rumänisch und eignet sich in kürzester Zeit Kenntnisse des Russischen und Türkischen an. Ab Juli 1916 reist sie im Auftrag des Ministeriums durch das zunächst noch von Zar Nikolaus II. regierte Russland und bald darauf durch ein von der Revolution ins Chaos gestürzte Land. Das Abenteuer beginnt mit einer Audienz bei der Zarin Alexandra Fjodorowna und endet mit der Flucht in die Heimat. Dazwischen liegen Krankheit, Verfolgung, Lebensgefahr, elende Unterkünfte und die Strapazen des ungewohnten Klimas.

LETZTER GLANZ DES RUSSISCHEN ADELS

Als Nora im Juli 1916 in St. Peterburg eintrifft, ist sie begeistert von der Schönheit der europäisch anmutenden Stadt mit ihren klassizistischen Bauten, den Brücken über die Newa, den luxuriösen Hotels und besonders von der Möglichkeit, allein durch die Straßen einer fremden Stadt zu flanieren, wovon sie immer geträumt hat. Das andere Petersburg, das der hungernden Proletarier, der verwahrlosten, sich aus Not prostituierenden Kinder und der verzweifelten Mütter, sieht sie nicht. Durch die verwandtschaftlichen Beziehungen des europäischen Hochadels wird sie von Angehörigen der einflussreichsten und vornehmsten Adelsfamilien, zum Beispiel der Trubjetzkois, Bobrinskis, Orlows oder von der Fürstin Olga Dolgoruki, empfangen. In diesem eng gesponnenen Netz von Verwandtschaften und Bekanntschaften sieht man in ihr die Aristokratin und nicht die Vertreterin einer verfeindeten Macht, mit der man sich im Krieg befindet. Die adelige Gesellschaftsschicht lebt in ihren Palais nach wie vor in

Nora Kinsky als Rotkreuzschwester, ca. 1917

ungeheurem Luxus, trinkt französischen Wein und Cognac, englischen Tee und Whiskey, raucht kubanische Zigarren und denkt nicht daran, irgendetwas am gewohnten Lebensstil zu ändern.

Dabei ist es offensichtlich, dass die militärischen Niederlagen Russlands immer katastrophaler werden. Russlands Soldaten mangelt es an Waffen und an Ausrüstung. Hunderttausende Soldaten, von arroganten, meist aristokratischen Offizieren als Kanonenfutter missbraucht, desertieren oder begeben sich freiwillig in Gefangenschaft. Auch die Versorgung der Bevölkerung wird zusehends schlechter, da zu viele Bauern zum Militärdienst eingezogen wurden. General Brussilow, der fähigste der russischen Heerführer, kann durch die sogenannte Brussilow-Offensive, die am 4. Juni beginnt und am 20. September endet, zwar große Gebiete gewinnen, doch die russische Armee verliert, wie auch die österreichisch-ungarische und die deutsche, rund eine Million Soldaten, die Hälfte

davon wird gefangen genommen. Unter den Gefangenen ist auch Noras jüngster Bruder Zdenko Radslav, genannt Ra. Sie hofft, ihn bei ihren Inspektionen in einem Gefangenenlager zu finden.
Am 7. Juli 1916 empfängt Alexandra Fjodorowna, die Gattin des Zaren Nikolaus II., eine geborene Prinzessin von Hessen-Darmstadt, die deutschen und österreichischen Rotkreuzschwestern im Alexanderpalais von Zarskoje Selo, der Sommerresidenz der russischen Zaren. Der Empfang der Zarin ist mutig, macht sie jedoch nicht beliebter und stärkt den Verdacht einer heimlichen Konspiration der gebürtigen Deutschen mit dem Feind. Die hohen Verluste der russischen Armee haben den Unmut über den Krieg und jene Kräfte gestärkt, die glauben, eine Reform in Russland sei nur noch durch eine Revolution möglich. Jetzt sucht die herrschende politische Schicht nach einem Schuldigen und findet ihn in dem Wanderprediger Grigori Jefimowitsch Rasputin, der im Verdacht steht, durch seinen Einfluss auf die Zarin auch die Politik des Zaren zu steuern.
Rasputin konnte wiederholt die Blutungen des Zarewitschs Alexej, der an unheilbarer Hämophilie erkrankt ist, nur durch seinen Anblick oder durch das Murmeln von Gebeten stillen. Die Ärzte hatten dem kranken Kind nie helfen können. Die Zarin sieht daher in Rasputin einen Wunderheiler und einen von Gott gesandten Heiligen. Seine politischen Ratschläge – Rasputin ist ein Kriegsgegner – gibt sie an den Zaren weiter, der sich im Hauptquartier der Armee in Mogiljow befindet. Der Zar sieht in Rasputin aber nur den Heiler seines Sohnes, von dessen politischen Zielen distanziert er sich. Rasputin wird am 30. Dezember 1916 ermordet, seine adeligen Mörder werden nicht zur Rechenschaft gezogen, worüber sich das Volk empört. Am 15. März 1917

muss Zar Nikolaus II. abdanken und wird mit seiner Familie unter Hausarrest gestellt.
„Die Kaiserin und ihre älteste Tochter, die Großfürstin Olga, waren in Pflegerinnentracht. Ihre Majestät war sehr gnädig und freundlich, sah aber so traurig aus, dass wir ganz beeindruckt waren", notiert Nora Kinsky in ihrem Russischen Tagebuch.[82]
Von St. Petersburg, das seit Ausbruch des Krieges Petrograd heißt, fährt Nora Kinsky mit der Transsibirischen Eisenbahn durch die westsibirische Tiefebene über den Ural und mit der Eisenbahnfähre über den Baikalsee an ihr Ziel Nikolsk nordwestlich von Wladiwostok, über 6000 Kilometer von Petersburg entfernt. Hier soll ihre Arbeit beginnen.

IM GEFANGENENLAGER

Im Lager Nikolsk-Ussurisk leben 3000 Gefangene, fast 2000 davon aus Österreich-Ungarn. Lagerarzt ist der Wiener Chirurg Burghard Breitner. Voll Begeisterung war er in den Krieg gezogen, im Zug an die Front gefahren und schon in den ersten Kriegswochen in Gefangenschaft geraten. Er führt die junge Gräfin in das Mannschaftsspital, in dem an die 400 an Flecktyphus oder an Tuberkulose Erkrankte liegen.
„Nora hatte noch nie so ausgemergelte und elende Gestalten gesehen. Die Todgeweihten waren nur noch Schatten ihrer selbst, irre geworden in den quälenden Fieberträumen, die ihre Persönlichkeit aufgelöst und zur Fratze hatten erstarren lassen. Nur ein einziges Badezimmer stand den Kranken zur Verfügung und ein paar Latrinen, auf denen sie sich in ihrer Schwäche kaum halten konnten. Breitner und drei weitere Ärzte hatten unter diesen schwierigen Umständen schon vielen das Leben gerettet. In Erinnerung an Seuchen, die einmal

ausgebrochen, erst dann wieder eingedämmt werden konnten, taten sie alles, um die Ordnung und Hygiene im Lager zu bewahren."[83]

Der charismatische Arzt, später wird er Rektor der Universität Innsbruck werden, ist den „höheren Töchtern in Rotkreuzuniform" gegenüber skeptisch. Wie sollten diese allzu behütet aufgewachsenen Frauen verstehen können, was die Gefangenen in einem russischen Lager durchmachten, und wie sollten sie Korruption und Misswirtschaft in Organisation und Verpflegung aufdecken können? Er erzählt von den Zuständen, die Elsa Brandström, „der Engel von Sibirien", 1915 im Lager von Strjetensk vorgefunden hatte, als innerhalb eines Winters über die Hälfte der Gefangenen an Flecktyphus starb, und vom Lager Novo Nikolajewsk, in dem von 1100 Gefangenen nur 70 überlebten. „Alle paar Tage kamen russische Soldaten und holten die Toten. Hier und da nahmen sie auch jemanden mit, der noch im Sterben lag. Sie meinten, er wäre ohnedies bis zu ihrem nächsten Kommen gestorben. Der gleiche Wagen aber, der die Leichen zum Massengrab brachte, holte das Fleisch für die Gefangenenküche."[84]

Breitner erzählt dies alles, um Nora die Realität fassbar zu machen, und stellt verwundert über ihre ernste, nicht wehleidige Reaktion fest, dass die Gräfin Kinsky wohl härter und entschlossener, jedenfalls mit weniger Standesdünkel behaftet zu sein scheint als eine Vorgängerin. Nora ist zwar zutiefst von Breitners Bericht erschüttert, will aber zeigen, dass sie ihre Gefühle beherrschen kann, und antwortet selbstbewusst lediglich, wie sehr es sie freue, dass es ja jetzt Breitners Patienten besser gehe.

Ihr Blick ist durch den Besuch der Krankenstation und den schonungslosen Bericht des Arztes geschärft. Sie erstellt ein Konzept, um in möglichst kurzer Zeit die Situation in einem Lager zu überblicken, Missstände aufzudecken und etwaige Täuschungsmanöver der Lagerkommandanten zu durchschauen. Sie inspiziert auf ihrer Reise Mannschaftslager und Lager für Offiziere, findet die Zustände teils in Ordnung, teils entdeckt sie Mängel und versucht sie zu beheben. Probleme gibt es mit der Post, verzweifelt wartet sie auf Nachricht von ihrem gefangenen Bruder Ra und auf Briefe aus der Heimat.

Am 24. November 1916 erreicht sie die Nachricht vom Tod Kaiser Franz Josephs am 21. November. Der Kaiser hinterlässt seinem Nachfolger, Kaiser Karl I., ein durch den Nationalitätenkonflikt unregierbar gewordenes Österreich-Ungarn, das sich immer mehr an das Deutsche Reich anlehnt. Die anfängliche Kriegsbegeisterung war schon lange geschwunden. Wie in Russland sehnen sich die Völker nach Frieden und nach Selbstständigkeit. Am 8. Dezember lässt Nora Kinsky für den verstorbenen Kaiser ein Requiem abhalten.

Auf der zweiten Etappe ihrer Reise durch Transbaikalien sind weitere neun Lager zu inspizieren. Der Jahreszeit entsprechend wird es kalt. „Heute sind 32 Grad Kälte, etwas zu kühl für eine Fahrt im offenen Wagen",[85] schreibt sie am 4. Dezember, und ein paar Zeilen weiter heißt es: „Wir haben einen elenden Fraß zu essen bekommen, mir ist das gleichgültig, aber die Männer leiden darunter."[86] Am 18. Dezember schreibt sie im Tagebuch: „Heute ist mein Geburtstag, es sind 40 Grad Kälte. Zum ersten Mal verbringe ich diesen Tag außer Haus, und das ist traurig."[87] Und über die Unterbringung berichtet die in Luxus und mit jeglichem Komfort aufgewachsene Aristokratin:

„Ich hatte gedacht, ich würde heute Nacht sterben. Ich konnte nicht husten (...), um die anderen nicht zu wecken. Gegen Morgen haben andere Reisende fast die Türen und Fenster

eingeschlagen. Sie wollten auch in unserer Hütte übernachten, doch (...) wir sind bereits zu sieben Personen in diesem kleinen, schmutzigen und verrauchten Zimmer zusammengepfercht."[88] Die nächste Nacht verbringt sie in einem Bauernhaus. „Ratten sind die ganze Zeit im Zimmer herumgehuscht, was nicht sehr angenehm war, da ich auf dem Boden lag."[89]
Trotz der fast unerträglichen Kälte und der Strapazen der Reise hat Nora Kinsky auch Augen für die Schönheit der russischen Landschaften, sie schildert im Tagebuch die Architektur in den Städten, die Siedlungen auf dem Land, und sie beschreibt mit scharfem Blick die Eigenart der Menschen, denen sie begegnet. Immer wieder findet sie auch Zeit, zu lesen, sich in die ihr lieb gewordene russische Literatur zu vertiefen.

IN DEN WIRREN DER REVOLUTION

Nach Beendigung ihrer Mission in Sibirien, wo sie endlich auch ihren gefangenen Bruder Zdenko Radslav und dessen Freund Ferdinand Graf Wilczek getroffen hat, befindet sie sich mitten in den Kämpfen der Revolution in Petrograd. Von ihrem Hotel aus sieht sie die Verletzten und Sterbenden, hört ihr Schreien und Stöhnen. „Grauenhaftes geschieht unter meinen Fenstern",[90] notiert sie. Eine Kugel kommt durchs Fenster, verfehlt knapp ihren Kopf und schlägt in der Wand ein. Die Menschen sind hysterisch vor Angst.
„Jeder Mensch hier ist in panischem Entsetzen. Ich höre von meinem Zimmer, das gegenüber der Treppe ist, das Angstgeschrei der Damen und die zitternden Stimmen der Männer. Wo sind die Offiziere, die die kaiserlichen Truppen kommandiert haben? Nicht möglich, dass man sie alle umgebracht hat. Die Kanonade ist auf die Dauer unerträglich.

Es ist merkwürdig, hier zu sein, allein, krank und in Gefahr! Interessant ist es trotzdem."[91]
Als sie im Hotel die verängstigten Mitbewohner beruhigen will, hat sie wegen der Kälte die Hände in den Taschen ihres Kleides. Ein Bewaffneter „Towarisch" brüllt, sie möge die Hände aus den Taschen nehmen, sie reagiert aber erst, als sie die Klinge des Bajonetts auf ihrer Brust spürt. Sie hält ihm kaltblütig die Hände unter die Nase und wirft ihm vor, ihre Bluse zerrissen zu haben. Der Mann ist so verblüfft, dass er sich mit einer Entschuldigung entfernt. Die Offiziere auf den Straßen werden beschimpft, man reißt ihnen die Epauletten weg, wenn sie sich wehren, bringt man sie um. Es kommt zu Streiks und Hungerrevolten. Der Zar dankt ab.

Trotz aller Schwierigkeiten und Gefahren will Nora Kinsky weiter in Russland bleiben und Gefangene pflegen. Man warnt sie, aber sie setzt sich durch. Und sie erreicht, dass ihr Bruder Ra und sein Freund Ferdinand Wilczek in das Gefangenenlager von Astrachan verlegt werden. In der alten Handels- und Festungsstadt am Anfang des Wolgadeltas widmet sie sich nicht mehr der Inspektion, sondern der eigentlichen Krankenpflege. Selbst an Malaria und einer Infektion erkrankt, arbeitet sie in den Abteilungen für Tuberkulose und Typhus des Kriegsspitals und pflegt meist Türken, die sich mit niemandem sonst verständigen können. Freude macht ihr das Zusammensein mit ihrem Bruder Ra und seinem Freund Ferdinand, denen erlaubt ist, gelegentlich aus dem nahen Gefangenenlager zu Besuch zu kommen.
Es wird Sommer und unerträglich heiß, das Thermometer zeigt an die 50 Grad. Oft kann sich Nora vor Schwäche kaum auf den Beinen halten. Sie leidet unter Schwindelanfällen und magert ab. Der mit ihr befreundete Arzt des Lazaretts,

Dr. Balogh, befürchtet eine Lungenerkrankung und rät ihr, Kumiss, Stutenmilch, zu trinken, Medikamente gibt es nicht. Als in der Nacht vom 25. auf den 26. Oktober 1917 die Bolschewisten das Winterpalais in Petrograd stürmen und die Regierung verhaften, beginnt um die Jahreswende der Bürgerkrieg zwischen der Roten und der Weißen Armee und stürzt Russland endgültig ins Chaos. Die Kämpfe der Revolution erreichen auch Astrachan.

Am 26. Jänner steht die Stadt in Flammen, unter den Patienten bricht Panik aus. „Die Bolschewiki haben bereits die Post an der Ecke unserer kleinen Gasse angezündet – das Gymnasium und die Stadt-Apotheke! Letztere ist in die Luft geflogen wegen des dort lagernden Benzins. Wir ersticken fast in der Hitze und im Rauch der brennenden Häuser ringsum“[92], schreibt Nora im Tagebuch. Mit Nervenstärke und der ihr eigenen Autorität gelingt es ihr, die verzweifelten Kranken von einer todbringenden Flucht ins Feuer abzuhalten und zu beruhigen. Schließlich erreicht sie der Befehl zur Heimkehr.

Es ist der Beginn einer drei Monate währenden Flucht unter schwierigsten Bedingungen. In Verkleidungen und mit falschem Dokument, einmal von den Bolschewiken verfolgt, dann von den Gegenrevolutionären und von Mitgliedern der Tschechischen Legion, erreicht sie unter Lebensgefahr schließlich Petrograd. Dort nimmt sie den Zug nach Wien. Als sie ankommt, erwartet sie niemand. „Niemand war von meiner Ankunft verständigt (...), es regnete in Strömen, und kein Mensch war da, der mich nach einer Abwesenheit von zwei Jahren willkommen geheißen hätte.“[93] Wenige Tage später feiert sie ein Wiedersehen mit der Familie auf Schloss Karlskron in Chlumec.

1921 heiratet sie Ferdinand Graf Wilczek, der wie sein Freund Ra den Krieg überstanden hat. Im selben Jahr kommt Noras Tochter Georgina („Gina“) zur Welt. Sie wird später Fürstin von Liechtenstein. Doch der selbstlosen Helferin sollte kein langes Familienglück beschieden sein. Nora Kinsky hat sich von den Strapazen der Russlandreise nie ganz erholt, sie bleibt gesundheitlich geschwächt. Sie stirbt am 26. März 1923 in Poruba in Tschechien im Alter von nur 34 Jahren bei der Geburt ihres zweiten Kindes. Auch das Kind überlebt nicht.

Wanda von Sacher-Masoch

VENUS IM PELZ

1845–1933

Am Beginn der Reise steht ein Vertrag:
„Herr Leopold von Sacher-Masoch verpflichtet sich bei seinem Ehrenwort, der Sklave der Frau von Pistor zu sein, unbedingt jeden ihrer Wünsche und Befehle zu erfüllen und das sechs Monate hindurch. Frau Fanny von Pistor dagegen darf nichts Unehrenhaftes von ihm verlangen (was ihn als Mensch und Bürger ehrlos macht). Ferner muss sie ihm täglich sechs Stunden für seine Arbeiten einräumen, seine Briefe und Schriften niemals ansehen. Bei jedem Vergehen (...) darf die Herrin (Fanny Pistor) ihren Sklaven (Leopold von Sacher-Masoch) nach ihrem Sinne und Gutdünken strafen (...), ihr Untertan hat seiner Herrin keine Anforderung an ihre Liebe, kein Recht als ihr Geliebter geltend zu machen. Fanny Pistor hingegen verspricht, so oft als tunlich Pelze zu tragen, und besonders wenn sie grausam ist. Nach Ablauf der sechs Monate ist von beiden Seiten dies Sklavenintermezzo als ungeschehen zu betrachten (...). Zur Bekräftigung dieses Vertrages der Beteiligten Unterschrift. Begonnen den 8. Dezember 1869.
Fanny Pistor Bogdanow. Leopold Ritter von Sacher-Masoch."[94]

LEOPOLD VON SACHER-MASOCH – HISTORIKER UND LITERAT

Leopold von Sacher-Masoch, 1836 in Lemberg, der Hauptstadt des österreichischen Kronlandes Galizien geboren, ist der Sohn des Polizeipräsidenten k. k. Hofrat Leopold von Sacher-Masoch Ritter von Kronenthal und der Caroline Edle von Masoch. Er ist Privatdozent für deutsche Geschichte an der Universität Graz und Verfasser mehrerer historischer Werke, die ihm die Anerkennung der Historiker sichern. Berühmt und berüchtigt aber ist er als Schriftsteller erotischer Romane mit dem Hauptthema Kampf der Geschlechter. Die Novelle „Don Juan von Kolomea", 1866 veröffentlicht, begründet seinen literarischen Ruhm. Er habe den „Staub der Hörsäle" verlassen, „um sich mit glühender Begeisterung der Kunst in die Arme zu werfen",[95] schreibt sein Biograf Carl Felix von Schlichtegroll.

Über Fanny Baronin Pistor ist wenig bekannt. Es existiert jedoch eine Fotografie, die in Schlichtegrolls Buch abgebildet ist. Sie zeigt die Baronin in einen Pelz gehüllt auf einer Ottomane ruhend und den Schriftsteller, der ihr zu Füßen kniet und mit andächtigem Blick zu ihr aufschaut. Mit dieser Dame reist Sacher-Masoch 1869 als ihr Diener Gregor nach Italien, wo sich eine pikante Dreieckssituation mit dem Schauspieler Tommaso Salvini ergibt. Gregor als Sklave wird erniedrigt. Während die Herrin in Luxusherbergen logiert, muss er in ungeheizten Dienstbotenkammern nächtigen und Hilfsdienste verrichten. Die Herrin dürfte jedoch bald das Tragen schwerer Pelze als zu anstrengend empfunden haben, sie wird des Spiels überdrüssig. Für Sacher-Masoch endet das Abenteuer abrupt. In eine Livree gekleidet war er von der Baronin zum Einkaufen geschickt worden.

„In einer Hand die Ölflasche, in der anderen die Milchkanne, kam er die Straße herauf, als sein Studienfreund, der junge Fürst Raoul Wonde, auf ihn zukam und ihn erkennend ausrief: ‚Na, Sacher, geht die Schriftstellerei nicht mehr und bist hier Laufbursche geworden?' Sacher-Masoch rettete sich nur dadurch, dass er den Freund verständnislos anstarrte, was diesen an ein Verkennen glauben machen sollte."[96]

Leopold Ritter von Sacher-Masoch um 1850

Von Angst und Scham erfüllt ergreift Sacher-Masoch die Flucht, setzt sich in den Zug und fährt zurück nach Graz. Ein Jahr später, 1870, erscheint die literarische Version der italienischen Reise mit dem Roman „Venus im Pelz". Er wird Sacher-Masochs berühmtestes Werk, ein Klassiker der erotischen Literatur. Es ist die Geschichte des galizischen Edelmanns Severin von Kusiemski, der sich in die schöne Wanda von Dunajew verliebt. Sie erwidert seine Liebe und entführt ihn auf ein einsam gelegenes Schloss. Dort aber verwandelt sich die Geliebte in die grausame Herrin ihres Anbeters. Sie peitscht und quält ihn. Fast wörtlich zitiert der Autor darin den mit der Baronin Pistor geschlossenen Vertrag mit den geänderten Namen der literarischen Figuren. Wanda geht schließlich so weit, dass sie ihren Sklaven nicht nur selbst peitscht, sondern auch von ihrem neuen Liebhaber, einem Griechen, peitschen lässt. Damit hat sie den Bogen überspannt. Der Liebhaber verlässt die Geliebte, zieht sich auf sein Gut zurück und heiratet. Er betrachtet sich als geheilt und wird nun selbst zum despotischen Ehemann, der seine Frau mit der Peitsche traktiert. „Wer sich peitschen lässt, verdient, gepeitscht zu werden." Thema des Romans ist der Geschlechterkampf: Die Frau ist der Feind des Mannes, sie kann nur seine Sklavin oder Despotin sein. „Dies wird sie erst dann sein können, wenn sie ihm gleich steht an Rechten, wenn sie ihm ebenbürtig ist durch Bildung und Arbeit."[97]

Ebenfalls 1870 erscheint der Roman „Die geschiedene Frau. Passionsgeschichte eines Idealisten", in dem Sacher-Masoch die Liebe eines Dichters mit hohen Idealen zu einer selbstsüchtigen Frau schildert, die ihn zerstört. Der reale Hintergrund dieser Geschichte ist eine Affäre des Schriftstellers mit Anna von Kottowitz, der Gattin eines Grazer Arztes.

In beiden Romanen zeigt sich die Verschränkung von real Erlebtem und Wunschbildern der Fantasie, die Sacher-Masoch in literarischen Figuren zusammenfügt. Was ihm das Leben vorenthält, erschafft er sich in der Literatur.

EINE HANDSCHUHNÄHERIN STREBT NACH „HÖHEREM"

Angelika Aurora Rümelin, eine 1845 in Graz geborene Handschuhnäherin und Tabakverkäuferin, hat die erotischen Romane Sacher-Masochs, die wie der Autor selbst in Graz Tagesgespräch sind, sehr genau gelesen. Sie ist damals sechsundzwanzig Jahre alt, verdient mühevoll ihren Lebensunterhalt und lebt nach eigenen Angaben mit ihrer Mutter in bitterer Armut. Der Vater, ein Militärbeamter, hat die Familie früh verlassen. Aurora, wie sie sich nennt, ist hübsch, intelligent und lebenshungrig. Schlichtegroll beschreibt sie despektierlich als „Nähmamsell", in deren „kapriziösem Köpfchen hatte sich mit der intensiven Lektüre der Wunsch festgesetzt, unter allen Umständen in die Höhe zu kommen, da sie mit ihrem Lose, als Handschuhnäherin, wenig zufrieden war."[98]

Die einzige Möglichkeit, der Tristesse häuslicher Verhältnisse zu entkommen, ist für Mädchen ihrer Herkunft die Heirat. Aurora träumt von einer gesellschaftlichen Stellung, die es ihr erlaubt, nähen zu lassen, statt selbst zu nähen, und will mit Schriftstellern in Kontakt treten. Männer, die Bücher schreiben, meint sie, würden anders als die Kunden, die sie im Tabakladen kennengelernt hat, ihr Streben nach „Höherem" verstehen und empfindsam seelische Regungen wahrnehmen. Der Erste, an den sie sich heranwagt und brieflich um Bekanntschaft bittet, ist der ebenfalls in Graz ansässige Peter Rosegger. Der aber kann mit der überspannten Briefschreiberin nichts anfangen und bricht nach zwei Briefen die Korrespondenz ab.

Aurora kann es sich nicht leisten, aufzugeben. Sie ist nicht mehr ganz jung und die Zeit läuft ihr davon. Die Bitte einer Frau Frischauer, einer Geliebten Leopold von Sacher-Masochs, die ihm unter dem Pseudonym „Emilie" glühende Liebesbriefe schrieb, eröffnet ihr die willkommene Chance, mit dem berühmten Schriftsteller in Kontakt zu treten. Sacher-Masoch ist zwar zur Zeit seiner Beziehung zu „Emilie" mit der siebzehnjährigen Jenny Frauenthal verlobt, doch das junge Mädchen aus angesehener Familie dürfte nicht dem Weiblichkeitsideal des fünfunddreißigjährigen Schriftstellers entsprochen haben. Die reife „Emilie" erscheint ihm da schon passender. Eine vorhergehende Beziehung zu einer Schauspielerin, mit der er eine Tochter hat, ist bereits beendet.

Als Sacher-Masoch, der die Briefschreiberin Emilie für eine russische Fürstin hält, die Briefe seinem Freund Berthold Frischauer zeigt, erkennt der zu seinem Entsetzen die Handschrift seiner Mutter. Er droht ihr mit einem Skandal, sollte sie diese Affäre nicht sofort abbrechen. Nun ersucht Frau Frischauer Sacher-Masoch um die Rückgabe ihrer Briefe. Er ist einverstanden, will sie aber nicht dem Postweg anvertrauen. Daraufhin bittet Frau Frischauer die mit ihr befreundete Aurora Rümelin, die kompromittierenden Schriftstücke an ihrer Stelle in Empfang zu nehmen. Maskiert und verschleiert nimmt Aurora aus Sacher-Masochs Hand die Briefe entgegen – und der Dichter begegnet jener Frau, die ihm verheißt, das zu sein, was die Baronin Pistor überfordert hatte, und die er sich daher als literarische Figur erschaffen musste: eine „Venus im Pelz" – in Fleisch und Blut.

Aurora weiß, dass sie ihn nur für sich gewinnen kann, wenn sie – zumindest rhetorisch – auf seine Fantasien eingeht. Sie gibt sich als verheiratete Aristokratin aus und schreibt ihm leidenschaftliche, vielversprechende Briefe.

„Doktor! Ein Dämon rast in mir! Ich weiß nicht, ist es Liebe oder Hass, was mich zwingt, Sie zu meinen Füßen zu sehen, vergehend in Lust und Weh! – Sterben möchte ich Sie sehen in der Erwartung – aber schenken Sie mir nicht Ihr Herz, hüten Sie sich! Ich würde es zertreten, denn ich lege keinen Wert auf Ihre Liebe – Sie lieben Pelze, ja Sie sollen einen finden, glänzend schön und flaumenweich, Sie sollen Reize finden, die Sie auf den Knien anbeten und nicht zu berühren wagen werden (...)."[99]

Die Verheißungen sind deutlich genug. Er ist der Mann, in den sie alle ihre Hoffnungen auf einen Aufstieg in die Sphäre bürgerlicher Sicherheit und Wohlhabenheit setzt. Sie spielt ihm in ihren Briefen vor, was er sich wünscht: eine grausame, despotische Frau. Aurora unterzeichnet die Briefe mit wechselnden Pseudonymen, eines davon ist „Wanda von Dunajew", der Name der Heldin in „Venus im Pelz". Der Wechsel zwischen glühenden Bekenntnissen und längerem Schweigen stachelt das Interesse des entflammten Dichters immer aufs Neue an. Er wird ungeduldig, drängt auf eine weitere Begegnung mit der geheimnisvollen Unbekannten und nach etlichem Hin und Her treffen sie einander abends im Schein einer Straßenlaterne: die Näherin Aurora Rümelin in geliehenem Pelz und tief verschleiert und der Aristokrat Sacher-Masoch, der berühmte Schriftsteller und Universitätslehrer. Zwei Welten, wie sie unterschiedlicher kaum sein könnten, stoßen aufeinander. Sacher-Masoch ist von der Unbekannten fasziniert, ungeduldig erwartet er weitere Begegnungen, glaubt sich der Erfüllung seines Traums nahe. In einem Brief an Aurora schreibt er:

„Sie brauchen einen Mann, der Ihnen geistig imponiert, der Sie den Weg zur Erkenntnis leitet, wie ich ein Weib, das mich sinnlich unterwirft und misshandelt (...). Versuchen Sie in den Stunden geistigen Verkehrs meine bescheidene, aufmerksame Schülerin und in jenen der Liebe meine Gebieterin, das wollüstig grausame Weib meiner Phantasie zu sein, mich als Ihren Sklaven zu behandeln. Ich erwarte Sie bald, recht bald. Ich sehne mich danach, Ihnen meine Weltanschauung zu entwickeln und von Ihnen gepeitscht zu werden. Vergessen Sie also nicht – im Pelz."[100]

Aurora Rümelin soll also beides sein – Schülerin und Domina. Geschickt versteht es der Autor, ihren Ehrgeiz zu wecken, ebenfalls literarisch tätig zu sein. Sie fügt sich seinen Wünschen, um jene Sicherheit einer Existenz zu erreichen, die ihr nur die Heirat bieten kann. Das erste Hindernis ist bald beseitigt: Sacher-Masoch löst seine Verlobung mit Jenny Frauenthal. Nun diktiert Aurora Rümelin, alias „Wanda von Dunajew", ihre Bedingungen:

„Mein Sklave! Die Bedingungen, unter welchen ich Sie als Sklave annehme und an meiner Seite dulde, sind folgende: Ganzes, bedingungsloses Aufgeben Ihres Selbst. Sie haben keinen Willen außer mir. Sie sind in meinen Händen ein blindes Werkzeug, das ohne eine Widerrede alle meine Befehle vollzieht (...). Ich kann Sie jede Stunde entlassen, Sie aber dürfen ohne meinen Willen nie von mir, und wenn Sie mir entfliehen sollten, so gestehen Sie mir die Macht und das Recht zu, Sie durch alle erdenklichen Qualen bis zu Tode zu martern (...). Ihre Ehre gehört mir, wie Ihr Blut, Ihr Geist, Ihre Arbeitskraft, ich bin Ihre Herrin über Leben und Tod."[101] Mit diesen Forderungen ist „Wanda" allerdings zu weit gegangen. Was mit der Baronin Pistor ein Spiel war, soll nun ernst werden, und davor schreckt Sacher-Masoch zurück. Es packt ihn panische Angst, dass sie ihn verlassen könnte, ihn jede Stunde entlassen könnte, wie sie schreibt. Ein weiterer Punkt ist der Verlust der Ehre. Er ist Aristokrat, der Sohn eines Polizeipräsidenten, und er hat etliche Duelle, dem Ehrbegriff der Zeit entsprechend, gefochten. Streng trennt er zwischen Privatem und der Präsentation nach außen. Er bittet um Bedenkzeit – und schreibt später entnervt: „Ich verpflichte mich mit meinem Ehrenworte, der Sklave der Frau Wanda von Dunajew zu sein, ganz so, wie sie es verlangt, und mich allem, was sie über mich verhängt, ohne Widerstand zu unterwerfen. Dr. Leopold von Sacher-Masoch."[102] Das Groteske daran ist, dass es eine Wanda von Dunajew in Wirklichkeit gar nicht gibt.

EINE GANZ SPEZIELLE EHE

Zu Beginn des Jahres 1873 wird Aurora schwanger. Da trifft es sich gut, dass ein neugegründetes Wiener Blatt Sacher-Masoch die Stelle eines Redakteurs und Korrespondenten anbietet. Das Paar zieht nach Wien. 1873 ist die k. k. Haupt- und Residenzstadt Schauplatz der Wiener Weltausstellung, jenes gigantischen Unternehmens, das mit Sensationen und

Spektakeln beginnt und mit einem Fiasko, dem Börsenkrach, endet. Das Blatt, das Sacher-Masochs Arbeitgeber ist, wird davon mitgerissen. Zudem grassieren in Wien die Cholera mit nahezu 3000 Toten und eine Pockenepidemie. Nacht für Nacht rattern die Leichenkarren durch die Straßen, und die Furcht vor Ansteckung lähmt die Menschen. In dieser Atmosphäre bringt „Wanda" einen Sohn zur Welt, doch das Kind stirbt nach wenigen Tagen. In ihrer Verzweiflung und Trauer gesteht sie Sacher-Masoch jetzt ihr Vorleben, ihre Armut und dass sie niemals verheiratet gewesen ist. Er ist gerührt und bietet an, sie zu heiraten. Danach will man nach Bruck an der Mur ziehen, damit sie sich in der idyllischen Gegend psychisch und physisch erholen kann.

Die Hochzeit findet am 12. Oktober 1873 in Graz statt. Die ehemalige „Nähmamsell" scheut die Begegnung mit dem Schwiegervater, zu sehr ist sie sich des Standesunterschiedes bewusst. Leopold von Sacher-Masoch Ritter von Kronenthal empfängt die Frau seines Sohnes so, wie es einem Aristokraten ziemt:

„Der Herr Hofrat empfing mich sehr höflich, aber kalt. Ich war nicht die Schwiegertochter nach seinem Geschmack, umso mehr, als er ein Mädchen unter der Hand hatte, das ganz so war, wie er sich seine Schwiegertochter wünschte und stets gehofft hatte, dass sie es eines Tages würde (...). Ich konnte wohl begreifen, dass dieses Mädchen mit seinem weltgewandten und sicheren Wesen, den vollendeten Umgangsformen, wie man sie nur in den höheren Kreisen antrifft, eine liebe und hauptsächlich standesgemäße Schwiegertochter gewesen wäre. Ich frug Leopold, warum er den Willen des Vaters nicht erfüllt und um die Baronesse geworben habe. Er gab mir zur Antwort: ‚Weil ich kalte Pasteten nicht liebe.'"[103]

Eine „kalte Pastete" ist Wanda nicht. 1874 bringt sie ihren zweiten Sohn, Alexander, zur Welt. Im Jahr darauf folgt

Demetrius, der dritte Sohn. Auch die uneheliche Tochter Sacher-Masochs, Lina, wird in die Familie aufgenommen. „Nach manchen ernsten Kämpfen ist mein Leben zu einer Idylle geworden. Das Märchen vom Glück (...), es ist zu Wahrheit geworden in meiner Ehe",[104] schreibt der Dichter.
Wanda sieht es anders. Erhoffte Tantiemen, die auch bei einem arrivierten Schriftsteller manchmal ausbleiben, führen zu Streit. Seine Vorliebe für ausgefallene Kleider, mit denen er seine Frau ausstaffiert, belastet zusätzlich das Budget. „Toiletten, die mich zur Verzweiflung brachten," erinnert sich Wanda. „So trug ich in jenem Winter ein spinatgrünes Kleid, dazu eine rote Tuchjacke mit schwarzen Samtaufschlägen, wie sie die Postillione tragen, und eine Dragonermütze, gleichfalls von schwarzem Samt und mit Hermelin besetzt."[105] Dass Wanda im kleinstädtischen Bruck an der Mur damit auffällt, ja zum Gespött wird, verwundert nicht.
Als Familienerhalter sieht sich Sacher-Masoch gezwungen, rasch zu produzieren, in der Hoffnung auf große Honorare, die sich dann, falls sie eintreffen, stets als zu niedrig erweisen. „Du meinst wohl, ich könnte Novellen schreiben, wie du Strümpfe strickst? Ich brauche zu meinen Arbeiten Stimmung, Anregung. Was mich anregt, weißt du. Wenn du willst, dass ich für dich und deine Kinder Brot verdiene, dann kannst du doch auch etwas dazu tun (...)",[106] fordert er und hält ihr das Beispiel des Autors Heinrich Stieglitz vor Augen, dessen Frau sich aus dem Fenster stürzte, um der poetischen Schaffenskraft des dichtenden Ehemanns Flügel zu verleihen. Als besonderes Stimulans legt er der Gattin nahe, einen „Griechen"[107] zu suchen, einen Mann, mit dem sie ihn betrügen dürfe und der ihn peitschen solle. In seinem Kopf hatte sich der Wunsch festgesetzt, Sklave eines Mannes zu werden, der zugleich Liebhaber seiner Frau ist. Seiner Meinung nach würde sie in diesem Fall keine Untreue begehen, da sie ja nur ein Mittel

zu dem Zweck wäre, dass sich sein Wunsch erfülle, alle Qualen der Eifersucht zu erleiden. Wandas Berichte und Sacher-Masochs Tagebücher geben Zeugnis von den vielen vergeblichen Versuchen, dieses Wunschbild zu konkretisieren. Er sieht in Wanda nicht die eigenständige Persönlichkeit mit eigenen Wünschen und Bedürfnissen, sondern reduziert sie zum bloßen Mittel, um seine Bedürfnisse zu stillen. Sie ist Objekt und hat ihm zur Verfügung zu stehen. So schickt er sie zum Beispiel kurz nach der Geburt des zweiten Sohnes nach Mürzzuschlag, um mit einem vermeintlichen „Griechen" Kontakt aufzunehmen. „Ich sollte in Mürzzuschlag schon durch meine Toilette den ‚richtigen Eindruck' machen. Er hatte deshalb zu dem Pelz hohe Stiefel, wie sie damals Frauen zu Pferde trugen, und seine eigene große Astrachanmütze gelegt."[108] Doch der Herr, den sie trifft, ist ungeeignet, Sacher-Masochs Wunsch zu erfüllen. Er will nicht peitschen, sondern selbst gepeitscht werden.
Seine Vielschreiberei bleibt von der Kritik nicht unbemerkt. Die Frauen in seinen Novellen würden anfangen, sich auffallend ähnlich zu sein, so interessant sie auch wären, die Wiederholungen würden ermüden, schreibt ein Kritiker und fordert, der Autor müsse sich von diesem Frauentypus, der ihn beherrscht, befreien, er müsse dieses „ Weib" aus seinem Leben streichen, damit es nicht in seinen Büchern spuke. Damit konfrontiert, gibt Sacher-Masoch dem Kritiker recht. Nur in einem irre dieser, stellt er fest, denn wäre diese Frau wirklich in seinem Leben, dann wäre sie nicht in seinen Büchern. Und er verlangt von Wanda, nicht nur Pelze zu tragen, sondern auch die Peitsche zu schwingen.
„Von nun an verging kaum kein Tag, an dem ich meinen Mann nicht peitschte (...). Anfangs kostete es mich viel Überwindung, aber nach und nach gewöhnte ich mich daran, obgleich ich es immer widerwillig und unter dem Zwange der Verhältnisse tat."[109]

Bei einem Aufenthalt im Sommer in Frohnleiten kommt der mit Sacher-Masoch befreundete Schriftsteller Ferdinand von Saar zu Besuch. Könnte er der ersehnte „Grieche" sein? In seiner 1896 erschienenen Novelle „Ninon" beschreibt Saar den Freund als einen früher höchst erfolgreichen Dichter, dessen Leistungen den Anforderungen jedoch nicht mehr genügten. „Das war ja immer dieselbe Liebesgeschichte: derselbe schwache, willenlose, sich im Staube windende Mann – und dasselbe rücksichtslose grausame brutale Weib. Und die gesunde Sinnlichkeit bekam bereits, wie es hieß, den Beigeschmack krankhafter Zersetzung."[110]
Es verwundert nicht, dass beide Eheleute nach kurzer Überlegung in Saar nicht den erhofften „Griechen" sehen können. Schließlich erscheint aber doch ein „Grieche", und zwar in Gestalt eines jungen Studenten, der sich in Wanda verliebt hat. Die Tagebuchaufzeichnung Sachers von dieser Szene, die Schlichtegroll in seinem Buch wiedergibt, könnten Zweifel aufkommen lassen, ob Wanda dieses Spektakel wirklich so unangenehm gewesen ist, wie sie glauben machen will.

SACHER-MASOCH UND DER MASOCHISMUS

Im Jahr 1866 verwendet der deutsche Psychiater, Sexualforscher und Gerichtsmediziner Richard von Krafft-Ebing erstmals den Begriff „Masochismus" in seiner Schrift „Neue Forschungen auf dem Gebiet der Psychopathia Sexualis", „da der bekannte Romanschriftsteller Sacher-Masoch in zahlreichen seiner Romane, ganz besonders in seinem bekannten ‚Die Venus im Pelz' diese eigene Art der sexuellen Perversion zum Lieblingsgegenstand seiner Schriften gemacht hat." Als Begründung führt Krafft-Ebing später an, durch ihm

zugespielte Beweise könne er sagen, „dass S.-Masoch nicht bloß der Dichter des Masochismus gewesen, sondern auch selbst mit der in Rede stehenden Anomalie behaftet gewesen sei.“ [111] Für die Entstehung von Lust durch Quälen des Partners und für die Lust am Quälen überhaupt wählt der Wissenschaftler ebenfalls den Namen eines Schriftstellers, den des französischen Dichters Donatien Marquis de Sade (1740–1814). Die eine Perversion müsse geeignet sein, jeweils die andere zu erklären, so Kraft-Ebbing. Beide Begriffe setzen sich rasch auf breiter Basis durch.
Sowohl Wanda von Sacher-Masoch als auch ihr Gatte Leopold wehren sich gegen diese Vereinnahmung, allerdings ohne Erfolg. Richard von Krafft-Ebing entkräftet den Vorwurf der Diffamierung des Autors, indem er feststellt, dass der Dichter „mit einer Anomalie seines sexuellen Fühlens schuldlos behaftet war.“[112] Krafft-Ebings Verwendung von Sacher-Masochs Namen bewirkt, dass die literarische Qualität von Sachers anderen Werken, in denen er farbig, lebensnah und voll Sympathie die Welt der einfachen Bauern, der Handwerker und der Juden Galiziens schildert, völlig in den Hintergrund trat. Ebenso die Novellen und Romane (ausgenommen „Venus im Pelz“), die im Rahmen des groß projektierten Werkes „Das Vermächtnis Kains“ publiziert wurden und vor allem in Frankreich als Klassiker des 19. Jahrhunderts gewertet werden. Als Autor wurde Sacher-Masoch vergessen, sein Name aber zum gängigen Begriff einer Variante des sexuellen Erlebens.

DIE SCHRIFTSTELLERIN WANDA VON SACHER-MASOCH

In ihren Aufzeichnungen spricht Wanda wiederholt davon, wie nervenaufreibend sich der Alltag gestaltete. Wechselnde Aufenthalte, Sachers Schiffbruch bei der Herausgabe von

Zeitschriften, ein verlorener Prozess gegen einen Verleger und die wirtschaftlich prekäre Situation mit immerhin drei Kindern sind Grund genug, dass sie wieder zu schreiben beginnt. 1873 war bereits ihr „Roman einer tugendhaften Frau. Ein Gegenstück zur ‚geschiedenen Frau' von Sacher-Masoch" erschienen, publiziert unter dem Namen Wanda von Dunajew, der grausamen Heldin in „Venus im Pelz". Das mit „Otto von Kapff" gezeichnete Vorwort preist in höchsten Tönen die Autorin in ihrer Rolle als den Gatten beglückende Ehefrau und Mutter, die Protagonistin des Romans, die adelige Adrienne, erklärt ihrem Vater hingegen:

„Die Frauen sind nur schwach aus Gewohnheit, aus althergebrachter Sitte (...), die Erziehung macht sie schwach, der Mangel an ernster Geistesbildung, die fehlenden Lebenserfahrungen, die ihr durch eine ängstliche Erziehung vorenthalten werden und die doch allein den Charakter bilden und die Selbstständigkeit bieten."[113]

Die Frau müsse nur lernen, sich selbst zu beherrschen, und sie werde bald andere beherrschen. Nur von der Frau hänge es ab, ob sie die Sklavin des Mannes oder seine ihm gleichgestellte Gefährtin, ja seine Gebieterin sein wird. Die Autorin, alias Wanda von Sacher-Masoch, verwendet Elemente aus Sachers Roman, aber in anderer, eigenständiger Bedeutung. So lehnt Adrienne es vehement ab, einen Pelz zu tragen, den sie als Symbol der Sinnlichkeit und der Herrschsucht interpretiert. Auch betont sie mehrmals, nicht grausam zu sein und keinen Gefallen darin zu finden, einen Mann auf den Knien zu sehen. Sie preist die Macht der Vernunft über Affekte und Emotionen, entsagt ihrer Liebe zum mittellosen Prinzen Karl und heiratet dessen Vater, der ihr ein Leben in Luxus bieten kann. Adrienne schließt eine Versorgungsehe und beschreibt ihr Verhalten als vernünftig, tugendhaft und kalt – mit der Folge, dass ihre Umgebung sie erst recht als grausam wahrnimmt. Auch sie selbst empfindet sich als „schrecklich“: „Kalt und steinern steh ich da; um den Kopf zu behalten, habe ich das Herz gemordet, ich fühle nichts mehr (...), nichts mehr kann meinen Frieden, meine Ruhe stören.“[114]

Wanda von Sacher-Masoch 1879

Wanda von Sacher-Masoch schreibt wegen der prekären wirtschaftlichen Situation ihrer Familie Feuilletons und kleine Novellen für diverse Blätter und Zeitschriften. In ihrer „Lebensbeichte“, gibt sie an, dass sie, um grausame Geschichten zu schreiben, sich in die entsprechende Stimmung versetzen musste:

Es war nötig, „dass ich eine Pelzjacke anzog und eine große Hundepeitsche vor mir auf dem Tisch lag. So saß ich denn bei dreißig Grad Hitze schön warm in meinen Pelz gehüllt und zermarterte mir mein armes Gehirn.“[115]

Weitere Publikationen der Autorin sind „Echter Hermelin. Geschichten aus der vornehmen Welt“ (1879) und „Die Damen im Pelz. Geschichten und Novellen“ (1881). Hauptthema in allen ihren Werken ist wie bei Leopold Sacher-Masoch der Kampf der Geschlechter. Aus den Geschichten ihres Mannes übernimmt sie Versatzstücke, reduziert deren Mehrdeutigkeit jedoch auf eindeutige Aussagen. Wandas Heldinnen sind grausam, manche sind es von Natur aus, manche wurden durch das Leben zu jenen kalten, „vernünftigen“ und grausam scheinenden Frauen gemacht, als die sie dann agie-

ren. Aber nie wird eine Protagonistin durch ihren männlichen Gegenspieler zur grausamen Frau seiner Fantasie erzogen. Grausamkeit zeigt sich in der Kälte, die ökonomische Unabhängigkeit einer sexuellen Erfüllung vorzieht.
Die Geschichten spielen meist auf dem Balkan, in Russland, Ungarn oder in orientalischen Gegenden in vorindustriellen Zeiten, wo eine hierarchische Ordnung noch „natürlich" ist. Die Heldinnen, die sich darüber hinwegsetzen, gehören dem Adel an und demonstrieren die Dekadenz dieser Gesellschaftsschicht. Schärfste Kritik übt sie an der damals üblichen Mädchenerziehung und der patriarchalischen Gesellschaftsordnung, die zur Versorgungsehe zwingen. Man fühlt sich dabei an die Biografie der Schriftstellerin erinnert, die als Aurora Rümelin ja auch ihre Existenz durch Heirat sichern wollte.

EMANZIPATION UND ROSENKRIEG

1881 lebt die Familie in Leipzig, wo Sacher-Masoch die *Internationale Revue* gründet und herausgibt. Als es zu finanziellen Problemen kommt, springt als Mäzen Jacob von Rosenthal ein, der sich vornehm Armand nennt. Leopold sieht in ihm den lang ersehnten „Griechen", mit dem die Ehe wieder Spannung und seine dichterische Kreativität neuen Schwung erhalten sollen. Doch das Spiel gerät außer Kontrolle, Wanda verliebt sich nämlich wirklich in Armand.
Hulda Meister, eine sprachgewandte Übersetzerin und Leopolds Sekretärin, vertritt die Ehefrau, als diese einmal abwesend ist, und übernimmt laut Wanda auch die ehelichen Pflichten. „Was ich von der Treue meines Ehemannes zu halten hatte, wusste ich, aber dass er an diesem verwelkten, lächerlichen, altjüngferlichen Geschöpf Gefallen finden

sollte, machte mich lachen."[116] Wanda wirft das „lächerliche Geschöpf" hinaus, lässt das Bett des Ehemannes in ein anderes Zimmer schaffen und alle Pelzjacken und Peitschen dazu. Jetzt fühlt sie sich befreit. „Befreit von der zehnjährigen Qual (...), nie wieder eine Pelzjacke anziehen, nie mehr eine Peitsche zur Hand nehmen."[117] Es folgen langwierige Auseinandersetzungen und Erpressungsversuche um Geld und den Verbleib der Kinder, die mit erbitterter Härte von beiden Seiten geführt werden. Hulda Meister bringt eine Tochter zur Welt, Sacher-Masoch verlangt die Scheidung, Wanda verweigert sie. Nun droht er:

„Du vergisst, (...) dass die Welt immer geneigter ist, die Frau eher zu verurteilen als den Mann. Sobald du das Geringste gegen mich unternimmst, werde ich nicht die mindeste Rücksicht auf Dich nehmen und mich nicht kümmern, was aus Dir wird, wenn Du zu alt bist, um noch Verehrer zu finden."[118]

Schonungsloser kann das Ausgeliefertsein einer Frau in der damaligen patriarchalischen Gesellschaft kaum beschrieben werden. Wanda geht mit Armand, der unter dem Namen Jacques Saint-Cère Karriere macht, zunächst in die Schweiz, dann nach Paris. Nun klagt Sacher-Masoch seine Frau wegen böswilligen Verlassens und bekommt Recht. Sie wird des Ehebruchs für schuldig befunden, und der Kläger ist nicht verpflichtet, künftig Unterhalt oder Alimente zu zahlen. Leopold zieht sich an der Seite Hulda Meisters nach Lindheim in Hessen zurück. Nach der Geburt zweier weiterer Kinder erfolgt die Heirat. Von seinen Obsessionen ist er laut seiner zweiten Ehefrau zwar geheilt, die dichterische Schaffenskraft ist aber erloschen. 1895 stirbt Leopold von Sacher-Masoch in Lindheim.

Ersehntes Glück findet Wanda auch an der Seite Armands nicht. Er entpuppt sich als „großer Lügner" mit dubiosem

Zeitgenössische Karikatur von Sacher-Masoch und seiner „Muse" (Carl von Stur, 1890)

Lebenswandel. In einer Erpresseraffäre wird er für schuldig befunden und verurteilt. Er stirbt 1898. Wanda zieht mit ihrem Sohn Demetrius in die Schweiz, wo sie sich als Schriftstellerin und Übersetzerin ihren Lebensunterhalt verdient. Der Sohn Alexander war in Leipzig an Typhus gestorben. 1906 erscheint Wandas Resümee ihrer Ehe unter dem Titel „Meine Lebensbeichte. Memoiren" und noch im selben Jahr auch Felix von Schlichtegrolls rivalisierendes Enthüllungsbuch „Wanda ohne Pelz und Maske. Eine Antwort auf ‚Wanda von Sacher-Masochs Lebensbeichte' nebst Veröffentlichungen aus Sacher-Masochs Tagebuch".

Hulda Meister hatte Schlichtegroll Zugang zu den Schriften ihres verstorbenen Mannes gewährt, wahrscheinlich in der Absicht, Wandas Memoiren zu widerlegen oder zu korrigieren. 1908 kommt Wandas Erwiderung auf Schlichtegrolls vernichtende Kritik unter dem Titel „Masochismus und Masochisten. Nachtrag zur Lebensbeichte" auf den Markt. Der Wahrheitsgehalt der von beiden Seiten gehässig und diffamierend dargestellten Ereignisse ist nicht zu eruieren. Leopold von Sacher-Masochs Tagebücher sind verschollen. Nach 1909 verlieren sich Wanda von Sacher-Masochs Spuren. Über ihre letzten Lebensjahre ist nichts bekannt. Sie stirbt vermutlich 1933 in Frankreich.

Als Abschluss soll Wanda von Sacher-Masochs Plädoyer für freie Liebe, ohne die Einmischung von Gesellschaft, Staat oder Kirche, zitiert werden – womit sie ihrer Zeit weit voraus war:

„Kein Gesetz soll Frau und Mann mehr binden, nichts als ihr Wille, ihre Liebe und Freundschaft zueinander; kein Gesetz soll mehr die Liebe der Frau zur Pflicht herabwürdigen, sie zum Eigentum des Mannes machen."[119]

Mit dem Projekt „Wanda SM", eine Hommage an Wanda von Sacher-Masoch, im Rahmen des „Sacher-Masoch-Festivals" 2003 in Graz erinnerte Irene Andessner an die Frau und Autorin, deren Leben und Werk stets im Schatten ihres Mannes gestanden war. Ebenso erinnert an sie der Song „Venus in Furs" der US-Rockband „The Velvet Underground", geschrieben und interpretiert von Lou Reed, produziert von der Popart-Ikone Andy Warhol.

Frida Strindberg-Uhl

EINE UNSCHICKLICHE PERSON

1872–1943

„Schon bei der Geburt war ich eigenwillig und vorschnell. Ich wartete nicht, bis das Haus, das mein Vater baute, die schmucke Villa am lieblichen Mondsee bei Salzburg, fertig stand. In einem Gasthof am Straßenrain stieß ich lustig den ersten Schrei aus, wie ein Zigeunerkind und nicht wie die Tochter eines Mannes, den Talent und Persönlichkeit hochgehoben hatten. Es war unschicklich."[120]

Unschicklich war wohl nicht, dass die Tochter des k. k. Regierungsrats und Hofrats Friedrich Uhl und seiner Gattin Marie am 4. April 1872 in einem einfachen Wirtshaus und nicht in einer feudalen Villa ihren ersten Schrei ausstieß, sondern eher das Motiv ihrer Zeugung.
„Ich war nämlich nicht, wie üblich, in die Welt gesetzt worden, weil Vater Mutter liebte, sondern weil er eine andere liebte, die er vergessen wollte",[121] schreibt Frida Strindberg, geborene Uhl, in ihrem Bekenntnisbuch „Lieb, Leid und Zeit".

Um Schicklichkeit, Konvention und die sogenannte bürgerliche Moral hat sich die „höhere Tochter" ihr Leben lang nicht geschert. Sehr zum Leidwesen ihres Vaters, des hoch angesehenen Kunstkritikers und Chefredakteurs der amtlichen k. k. *Wiener Zeitung*, der das Vertrauen des Kaisers genießt. Stets war er bestrebt, die Würde seines Amtes zu wahren und die Fassade bürgerlicher Wohlanständigkeit aufrechtzuerhalten. So besteht auch die Ehe mit der um zwanzig Jahre jüngeren, sich am liebsten mystischen Betrachtungen hingebenden Marie nach der Zeugung Fridas nur zum Schein, denn das Experiment, durch Vergessen seine Ehe zu retten, ging schief. Die Eltern trennen sich. Marie Uhl, Tochter des durch Grundstückspekulationen reich gewordenen Notars Dr. Cornelius Reischl, zieht wieder zu ihren Eltern, die in Dornach in der Nähe von Grein im oberösterreichischen Strudengau ein herrschaftliches Gut besitzen. Friedrich Uhl übersiedelt nach Wien und bezieht als Chefredakteur der *Wiener Zeitung* ein Zimmer in der Hofburg.
Der aus Teschen (heute Cesky Tesin) stammende Sohn eines Gutsverwalters hatte in Wien Karriere gemacht. Von revolutionären Ideen begeistert hatte Uhl als Philosophiestudent im Sturmjahr 1848 auf den Barrikaden für die Freiheit und gegen das System Metternich gekämpft. Später wird er Redakteur der *Neuen Freien Presse* und Mitbegründer des Journalistenvereins „Concordia". Nebenbei schreibt er Romane, merkt aber schnell, dass er davon nicht leben kann und konzentriert sich auf die Kritik. Sein Herz gehört aber nach wie vor der Kunst, vor allem dem Theater. Mit Max Burckhard, dem Direktor und Erneuerer des Burgtheaters, verbindet ihn eine lebenslange Freundschaft, deren Grundlage die Überzeugung ist, dass Theater nicht allein Hüterin

der Tradition ist, sondern auch die Menschen der Gegenwart und das, was sie bewegt, auf die Bühne stellen soll. Als Kritiker ist Uhl ein leidenschaftlicher Mitstreiter Burckhards und einer der Wegbereiter der modernen Dramatik auf Wiener Bühnen. „Weil Friedrich Schiller gelebt hat, muss Ibsen nicht gleich ein Tor oder ein Verbrecher oder ein konfuser Kopf sein, den man nicht versteht",[122] schreibt er. Burckhard setzt die revolutionären Dramen Henrik Ibsens und Gerhart Hauptmanns auf den Spielplan des Burgtheaters, ebenso die frühen Stücke Hugo von Hofmannsthals und Arthur Schnitzlers „Liebelei". Auch Ludwig Anzengruber und Ferdinand Raimund kommen unter seiner Direktion zu Burgtheater-Ehren.

Ein Jahr nach der Hochzeit des temperamentvollen Ludwig Uhl und der frommen Marie kommt 1864 die erste Tochter Marie, genannt Mitzi, zur Welt. Ihre Geburt ändert nichts an der Disharmonie des Ehepaars. Auch als acht Jahre später als Frucht des ehelichen Experiments Maria Friederike Cornelia, genannt Frida, geboren wird, haben sich die beiderseitigen Gefühle des Paares nicht sonderlich erwärmt. Man entschließt sich zur Trennung, wobei eine Scheidung natürlich nicht infrage kommt. Für die Katholikin Marie ist die Ehe ein Sakrament und somit unauflöslich, und für Friedrich ist schon aufgrund seiner gesellschaftlichen Stellung eine Scheidung unmöglich. Sie leben getrennt und gehen sich aus dem Weg, befleißigen sich, wenn eine Begegnung unvermeidlich ist, eines besonders höflichen Umgangstons. Friedrich Uhl hat das Haus seiner Schwiegereltern nie betreten. „Die schmucke Villa am lieblichen Mondsee", in der Frida hätte zur Welt kommen sollen, wird erst nach ihrer Geburt fertig. Dort verbringt Uhl im Sommer seine Freizeit, widmet sich der Jagd und seinen Sammlungen von kostbaren Möbeln, Bildern, Porzellan und Teppichen.

Um die beiden Töchter scheint sich weder der Vater noch die Mutter viel zu kümmern. Marie wird in eine Klosterschule gesteckt, Frida der Obhut einer Amme in Mondsee anvertraut. Als Marie achtzehn Jahre alt ist, soll sie heiraten. Den zukünftigen Ehemann hat der Vater bereits ausgesucht. Es ist der renommierte Bildhauer Rudolf Weyr, einer der meistbeschäftigten Künstler der Wiener Ringstraße. Sein bekanntestes Werk ist der Monumentalbrunnen „Herrschaft zur See" an der Fassade des Michaelertrakts der Hofburg. In der Figur des Wassermanns hat Weyr seinen Schwiegervater Uhl verewigt. Uhl ist zwar liberal, aber doch wieder so sehr Patriarch, dass er bestimmen will, wen seine Tochter heiratet. Nach einem Spaziergang Maries mit dem um sechzehn Jahre älteren Rudolf Weyr erklärt Uhl seiner Tochter, sie habe sich durch diesen Spaziergang kompromittiert. Ein junges Mädchen dürfe sich nicht ohne weitere Begleitung mit einem Mann zeigen, sie müsse ihn also heiraten. Uhl hatte sich freilich vorher mit dem Schwiegersohn in spe abgesprochen, Marie wurde vor vollendete Tatsachen gestellt. Sie wurde „in die Ehe gezwungen", wird ihre Schwester Frida später urteilen. Doch dürfte diese Ehe, zumindest am Anfang, glücklicher gewesen sein als die ihrer Eltern und ihrer Schwester. Frida, die mit ihrer Amme in Mondsee bleibt, wird ihre elternlose Kindheit in der geliebten Landschaft des Salzkammerguts später zur glücklichsten Zeit ihres Lebens verklären:
„Meine erste Erinnerung ist das Sonnenlachen. Bald glitzerte es silbern auf blauem See, bald wiegte es sich auf rosigen Apfelblüten, bald tanzte es um mich herum mit den Schmetterlingen um die Wette. (...) Dann wieder kuschelte es im goldbraunen Holz des altertümlichen Saales, in dem Vaters Bibliothek untergebracht war. (...) Und ehe ich noch zehn Jahre alt war, kannte ich die Klassiker auswendig und verstand sie auf meine Art."[123]

Im Jahr der Hochzeit Maries mit Rudolf Weyr besucht Frida eine Klosterschule. Das bisher in totaler Freiheit aufgewachsene Mädchen ist bei den „Englischen Fräulein" in Sankt Zeno in Bad Reichenhall todunglücklich. Nun aber zeigt sich, dass Frida ihren eigenen Kopf hat und es versteht, sich durchzusetzen. Wenn sie schon ein Internat besuchen muss, dann bitte dort, wo sie Sprachen lernen kann. Vater Uhl hat nichts dagegen. Sie besucht das Sacré Coeur in Paris und schließt am Konvent der Dominikanerinnen in London ihre Ausbildung ab.

„Bis zum neunzehnten Lebensjahre beinahe habe ich den Segen der Klostererziehung genossen. Als ich herauskam, wusste ich nicht, dass Seide kostspieliger ist als Baumwolle. Kaviar seltener als Weizenbrot. Es ist noch immer schwer für mich. Die Weltfremdheit hängt mir an. Sie zieht mich am Schnürchen hoch in die Wolken. Das hatte man bei meiner glänzenden Erziehung nicht bedacht."[124]

ERFAHRUNGEN UND ENTTÄUSCHUNG

Friedrich Uhl holt seine Tochter nach Wien und schlägt ihr vor, Journalistin zu werden. Sie soll seine Laufbahn einschlagen und wie er Theaterkritiken schreiben, und zwar in München. Vielleicht hätte Frida sich gegen die Bevormundung gewehrt, wenn das „Schreiben" nicht schon immer ihr Wunsch gewesen wäre. Uhl hat die Eignung und Begabung seiner Tochter für diesen Beruf erkannt und gibt ihr die Chance, die er auch einem Sohn gegeben hätte. In Wien ist der Beruf einer Frau als Journalistin allerdings unmöglich, in Deutschland ist man da schon weiter. So ganz ohne Aufsicht lässt Uhl seine Tochter aber nicht in die Fremde ziehen. Sie wird bei der Familie seines Freundes Heinrich Porges untergebracht.

Frida ist von ihrer Aufgabe – sie schreibt Rezensionen und Feuilletons – und von München begeistert und genießt den Umgang mit Schriftstellern, Künstlern und der Bohème, freilich unter den wachsamen Augen des Ehepaares Porges.
Anfang Dezember 1892 erfährt Frida, dass der renommierte Autor Hermann Sudermann in Berlin die Premiere seines Stückes „Heimat" vorbereitet. Sie war ihm im letzten Sommer in der Villa ihres Vaters in Mondsee begegnet, als der Autor mit ihrem Vater sein neuestes Stück besprochen hatte. Das Thema von weiblicher Selbstbestimmung und dem Recht einer Frau und Künstlerin, ihr Leben selbst zu gestalten, war für das eben erst aus klösterlicher Zucht entlassene junge Mädchen von größtem Interesse. Leidenschaftlich hatte Frida damals mit Sudermann diskutiert und sich prompt mit dem ganzen Überschwang ihrer Jugend in ihn verliebt. Nun, da sie weiß, dass er in Berlin ist, schert sie sich weder um die ihre Tugend hütende Familie Porges noch fragt sie ihren Vater, sondern fährt nach Berlin, fährt Sudermann einfach nach.
Frida ist intelligent, ehrgeizig und hungrig nach Leben und Welt. Bald muss sie jedoch erkennen, dass für den verheirateten Sudermann eine außereheliche Beziehung nicht infrage kommt, er kann ihr nur Freundschaft bieten. Aber das will Frida nicht. Der Kummer und die Enttäuschung darüber ändern jedoch nichts an ihrer Wertschätzung für Sudermann als Schriftsteller. Sie besucht die Premiere von „Heimat", die ein Riesenerfolg ist und seinen Ruf als moderner Dramatiker festigt. Sie besucht auch den anschließenden Empfang und begegnet an diesem Abend dem Schweden August Strindberg. Mit seinen Stücken „Der Vater", „Fräulein Julie", „Gläubiger", „Meister Olof" und „Frau Margit" ist er in Deutschland bekannt und genießt den Ruf eines gesellschaftskritischen Autors.

Strindberg war im Herbst 1892 nach seiner Scheidung von der Schauspielerin Siri von Essen, mit der er drei Kinder hat, von Stockholm nach Berlin übersiedelt. In dem vergleichsweise freien Berlin ist er Mittelpunkt eines Künstlerkreises, der sich regelmäßig im „Schwarzen Ferkel", einem berühmt-berüchtigten Lokal, trifft. Unter den Stammgästen finden sich Emigranten aus Skandinavien, die sich aus der Enge ihrer Heimatländer in das freizügige Berlin geflüchtet haben, sowie deutsche Literaten. Einer der Besucher ist Edvard Munch, dessen expressionistische Bilder als skandalös empfunden werden. Seine Geliebte, die Norwegerin Dagny Juel, genannt Aspasia, hat er auf zahlreichen Gemälden immer wieder gemalt – als Madonna oder als laszive Sünderin, in den beiden Rollen, die das ambivalente Frauenbild der Zeit verkörpern. Auch Knut Hamsun, Paul Scheerbart, Max Dauthendey und Max Halbe sind Stammgäste im „Ferkel", ebenso der Pole Stanislaw Przbyszewski, der spätere Ehemann Dagny Juels, und der Arzt Carl Ludwig Schleich. Beklemmend hat Strindberg die Atmosphäre des Lokals geschildert:
„Die berühmte Kneipe ‚Zum schwarzen Ferkel' ist (...) eine Galerie verdammter Seelen, wenn es je eine gab. Es ist nicht einer unter ihnen, der nicht die Sklavenkugel des Missgeschickes mit sich zerrt; die Flüche strömen und die Lästerungen hageln hier. Oft hält des Nachts der Vorübergehende den Schritt an. Aus dem mit Flaschen garnierten Schaufenster dringt Heulen und Toben in die Stille der Straße. Dann hastet der Horcher weiter fort und sagt sich: ‚Welche Mördergrube!'"[125]
Strindberg sucht in dieser „Mördergrube" Vergessen im Alkohol. Zu vergessen hat er viel – seine in die Brüche gegangene Ehe, seine Schulden und die Anklage wegen Gotteslästerung in seiner Novellensammlung „Heiraten". Am Abend nach der Premiere von Sudermanns „Heimat" nimmt er am

anschließenden Empfang teil, doch geht ihm der Trubel auf die Nerven. Er will mit seinen Gedanken allein sein, will in Ruhe überlegen, ob er mit der neuen Kunst der Fotografie Geld verdienen kann oder ob er seine expressionistischen Ölbilder verkaufen soll, um seine Schulden zu bezahlen. Auch quält ihn die Erinnerung an Siri von Essen, seine geschiedene Ehefrau. „Man stellte mich vor die Wahl, ein Weib zu töten oder von ihr getötet zu werden. Ich wählte ein Drittes – ich ging."

Alleinsein will an diesem Abend auch Frida Uhl. Ihr Sommertraum von einer Beziehung mit dem Dramatiker Sudermann ist ausgeträumt. „Vor die Wahl gestellt, seine Frau unglücklich zu machen oder selbst unglücklich zu werden, entschied ich mich jählings für ein Drittes – ich ging. Und die Affäre, die niemals eine wirkliche Affäre gewesen war, endete damit."[126]

In dieser Stimmung zieht sie sich in ein leeres Zimmer zurück und begegnet August Strindberg, der sich auch in ein leeres Zimmer zurückziehen will. Er ist ungehalten, als er jemanden antrifft, aber dann doch froh, nicht allein zu sein. Plötzlich will er über seine Sorgen reden, sich aussprechen, und findet in der andächtig lauschenden, dreiundzwanzig Jahre jüngeren Frida eine willige und interessierte Zuhörerin. Er öffnet ihr sein Herz, erzählt von seiner Ehe, von seinen Kindern, von seinen Schulden, setzt ihr seine naturwissenschaftlichen Theorien auseinander, redet über seine Ansichten von Kunst und Leben und redet die halbe Nacht. Frida ist stolz, dass der berühmte Dichter ihr sein Vertrauen schenkt. Im Haus eines Freundes sieht sie ihn wieder, spürt sein Interesse und lädt ihn kurz entschlossen in ihre Wohnung ein. Er ist verblüfft über diese ungewöhnliche Initiative einer jungen Dame, nimmt die Einladung aber gerne an. Als sie ihm von ihrem Wunsch, Schriftstellerin zu werden, erzählt und er ihr väterlich von diesem Wagnis abrät, wirft sie ihm zornig Vorurteile vor. Völlig aus der Fassung bringt sie ihn, als sie aus einer Vase eine Rose nimmt, niederkniet und sie ihm überreicht. Er geht – und lässt die Rose liegen. Am übernächsten Tag bedankt er sich in einem Brief für den unvergesslichen Abend und beteuert, die Rose absichtlich liegen gelassen zu haben, um sie am nächsten Tag zu holen.

AUGUST STRINDBERG – DER LIEBENDE „WEIBERHASSER"

Sie treffen einander öfter, flanieren durch Berlin, diskutieren und besuchen die Nationalgalerie. Vor Arnold Böcklins „Toteninsel" vertraut Strindberg seiner Begleiterin an, wozu ihn das Gemälde inspiriert. „Der Tod ist nur das Tor zu einer neuen Daseinsform des Menschen, der auf der Toteninsel Frieden und Befreiung von dem quälenden Zwiespalt und dem Dunkel seiner irdischen Seele findet. Jenseits der Zypressen auf der weißen Felseninsel hausen die Seligen, erlöst vom Tierischen, vom Fleisch und von der Fleischlichkeit (...)."[127] „Sie lieben Ihren schönen Traum und nicht das Bild", antwortet Frida. „Ich trenne Wirklichkeit und Traum nicht",[128] sagt Strindberg. In diesem Zwiegespräch zeichnet sich bereits die Unvereinbarkeit der Betrachtungsweisen von Tod und Leben des Paares ab. Aber beide sind verliebt und steuern auf den Weg zu, den sie in der kurzen Zeit ihrer Ehe miteinander gehen werden. Bald danach besuchen sie ein Lokal, in dem Frida gut bekannt ist. Sie trägt einen Leopardenpelz, ein Geschenk ihres Vaters, in dem sie älter wirkt.

„Im Lokal nimmt sie den Pelz ab und stand mit einem Schlag als eine junge Schönheit da. Ein moosgrünes, einfaches Tuchkleid, dicht ansitzend, zeigte die Figur einer Achtzehnjährigen (...) Er konnte vor dieser Zauberei seine Bewegung nicht verbergen, sondern fuhr mit seinen Augen über ihre ganze Gestalt, als wolle er mit einem Scheinwerfer einen verborgenen Feind entdecken. Eros! ‚Jetzt bin ich verloren!', dachte er; und von diesem Augenblick an war er es."[129]

So hat Strindberg diesen Moment festgehalten. Frida spürt natürlich, dass sie ihn erobert hat.

„Ich habe (...) nur ein Spitzentuch um den Kopf geschlungen und den Leoparden um die Schultern geworfen. Als ich herausschlüpfe, stehe ich in dem dunkelgrünen Prinzesskleid da (...). Ich merke, wie Strindbergs Blicke an mir entlang gleiten. Verdienst des Kleides! Es sitzt mir auf dem Leib wie eine Schlangenhaut (...). Sein Gesicht ist leicht gerötet. Seine Augen lachen mich an. Etwas seltsam demütig Bittendes ist plötzlich über ihn gekommen."[130]

Strindberg bekennt: „Die Furcht überfiel ihn, sie hatte seine Seele in der Tasche ihres Kleides, konnte sie in die Flut oder in den Rinnstein schleudern; darum hasste er sie zu gleicher Zeit."[131] Der Schriftsteller, dem der Ruf des „Weiberhassers" anhängt, hat Angst vor einer Leidenschaft, die ihn so sehr fesselt, dass er glaubt, sein Ich zu verlieren, ausgeliefert und erniedrigt zu sein. Wie viele Intellektuelle seiner Zeit hat er Otto Weiningers Bestseller „Geschlecht und Charakter" gelesen und ist von den Thesen des Wiener Philosophen und seiner Theorie von der Minderwertigkeit der Frau beeinflusst. Die Frau wird grundsätzlich als zerstörerisch beschrieben, sie wird an dem Punkt gefährlich, an dem der sonst überlegene Mann schwach wird – in der Liebe und in der Sexualität. In seinem Nachruf nach Weiningers Selbstmord schreibt Strindberg, „das liebende Weib (wolle) den Mann hinabziehen, ihn erniedrigen, vor allem, ihn beherrschen"[132].

Der Dämon dieser Angst vor dem Beherrschtwerden hat auch seine Ehe mit Siri von Essen vergiftet, ließ ihn Lüge und Verrat annehmen, wo es keine Ursache gab. „Wenn das Weib einen Mann liebt, so hasst sie ihn, weil sie sich an ihn gebunden und sich ihm unterlegen fühlt. Es ist kein konstanter Strom in ihrer Liebe, sondern eine ewige Umpolarisierung und ein ewiger Stromwechsel, und darin zeigt sich das Negative, Passive in ihrem Wesen, im Gegensatz zu dem Positiven, Aktiven des Mannes",[133] formuliert Strindberg. Gleichzeitig ist der Frauenhasser ein leidenschaftlich Liebender, der sich in die Ehe stürzt, weil er sich darin die Befreiung von seinen Obsessionen erhofft. Die Liebe als Kampf, als „Maskerade des Urhasses" ist Grundthema in Strindbergs Dramatik und Grundthema in seinem Leben.

Der für Strindberg und Frida Uhl gleichermaßen schicksalhafte Abend endet mit einem Missklang. Frida hat die Rechnung für das Abendessen bezahlt, was Strindberg als ungeheure Anmaßung empfindet: „‚Ich kenne nicht die Sitten Ihres Landes', rief er aus, ‚aber in meinem Lande ist der Mann entehrt, der eine Dame für sich bezahlen lässt.'"[134] Frida erschrickt, sie versteht seinen Ausbruch nicht.
In dieser Verwirrung der Gefühle erreicht sie ein Brief ihres Vaters. Friedrich Uhl hat von einer Liebesgeschichte seiner Tochter im fernen Berlin gehört und sorgt sich um den Ruf Fridas – und natürlich auch um den eigenen. Er vermutet eine Affäre Fridas mit Sudermann, aber der ist längst abgereist. Frida soll, so will es der Vater, das „moralisch vergiftete Berlin" so schnell wie möglich verlassen und zurück nach München gehen oder – noch besser – zu ihrer Mutter nach Dornach.
Beides will Frida nicht. Sie ist ehrgeizig, will in der Welt des Theaters und der Literatur reüssieren und nicht in provinzieller Enge verkümmern. Außerdem war ihr Verhältnis zur Mutter nie besonders gut, mütterliche Wärme hat sie als Kind und später als Klosterschülerin nie gespürt. Sie nennt

das herrschaftliche Gut an der Donau zwar „Phäakenland", aber es „erfüllt mich trotz seiner Schönheit mit einer unerklärlichen Angst wie ein drohendes Verhängnis, ein lebendiges Grab, das auf mich lauert. Vielleicht hat mir der Großvater als Kind zu viele Sagen erzählt, von Blut, Leid und Verhängnis. Mir graut vor diesem reichen Hause (...), mir graut, wie es dem Leben vor dem Tode graut."[135]

Sie bleibt in Berlin und versöhnt den beleidigten Strindberg, was sehr leicht gelingt, denn er ist, wie er sagt, von Eros verwundet, sogar „verloren". Er schreibt. „Dass Sie mich lieben sollten, habe ich nicht verlangt, nur dass Sie mir erlauben, Sie zu lieben (...). Lassen Sie mich Sie treffen heute, noch vor Nacht, sonst muss ich wahnsinnig werden."[136] Natürlich treffen sie einander auch weiterhin und bei einem dieser Rendezvous verabschiedet sich Frida mit einem Kuss. Diese Kühnheit verwirrt ihn, macht ihn glauben, dass sie ihn liebt, und in dieser Euphorie macht er ihr einen Heiratsantrag. Davor schreckt nun sie wieder zurück. Sie verachtet bürgerliche Konventionen, will ungebunden und selbstständig sein. „Soll das Spontanste, das es gibt, ein Kuss, über ein Schicksal entscheiden – Wie kann eine flüchtige Minute ein ganzes Leben entscheiden? Es kann, es darf nicht sein. Gestern – war gestern",[137] schreibt sie dem verliebten Dichter. Es ist absurd: Die katholisch erzogene Hofratstochter wehrt sich gegen die Ehe, der von der Ehe zutiefst enttäuschte Freidenker Strindberg strebt sie an.
Frida Uhl lehnt seinen Antrag ab, bekennt, dass sie unfähig sei, etwas zu empfinden, was auch nur im Entferntesten einer heftigen Leidenschaft gleicht, und fährt, wie es der Vater wünscht, nach München. Nun stellt Strindberg sie vor die Wahl: „Sagst du ‚nein', so bleibt Dir die Ehre, dass August Strindberg Dich zur Frau gewollt hat, und Du wirst einmal

sagen können: ‚Strindberg wollte mich, aber ich habe abgelehnt.' Das sichert Dir Deinen Platz in der Literaturgeschichte (...). Sagst Du aber ‚ja', so will ich Dir ein guter Mann sein, der Dich liebt und Dir treu ist."[138] Nun sagt Frida „Ja", und es kommt zur Verlobung, die aber noch geheim bleiben soll. Strindberg bleibt in Berlin, während Frida in München ihre Kontakte nützt, um das Werk ihres heimlich Verlobten bei Verlegern und Theaterdirektoren unterzubringen. Doch da wittert Strindberg bereits Bevormundung. Voll Zorn schreibt er:

„Von heute an verbiete ich Dir jede Beschäftigung mit meinen Geschäften, jede! (...) Ich liebe meine Liebe, weil Du meine Liebe bist. Du aber liebst meine derangierten Verhältnisse, weil sie Dir die Oberhand in diesem Kampf der Geschlechter um die Erhaltung der Persönlichkeit geben. Du hast mir ein Seidennetz über den Kopf geworfen, und ich zapple schon darin (...). Was weißt Du, kleines Ding, was sich unter der Maske der Gefühle in einer Menschenseele abspielt? Die Mächte der Finsternis treiben ihr hassenswertes Spiel."[139]

Die Mächte der Finsternis, die Dämonen der Angst und des Misstrauens verfolgen den Dichter bereits am Anfang seiner Beziehung zu Frida und lassen ahnen, welchen Verstrickungen und Verletzungen das Paar auch in Zukunft ausgesetzt sein wird.

Die Verlobung bleibt natürlich nicht geheim, betrifft sie doch den „Weiberhasser" Strindberg. Im Redakteurszimmer in der Wiener Hofburg schlägt die Nachricht wie eine Bombe ein. Friedrich Uhl muss am 27. März 1893 in der *Deutschen Zeitung* lesen: „August Strindberg wird zur Aufführung seines Stückes ‚Gläubiger' nach Wien reisen. Es dürfte die Wiener interessieren, dass Strindberg in der vorigen Woche sich mit Frida Uhl, der Tochter des Regierungsrates Uhl, Chefredakteurs der *Wiener Zeitung*, verlobt hat."

August Strindberg im Jahr 1881

Vater Uhl ist wütend. Seine ältere Tochter Marie Weyr schreibt an ihre Schwester Frida, sie sei beauftragt, „Dir von Papa zu sagen, dass er Dir gottlob die Verlobung nicht zu erlauben braucht, da Du um seine Erlaubnis nicht erst lange gefragt hast, dass er Dich aber bitten lässt, nicht noch mehr Skandal und Schande über ihn zu bringen. (...) Jetzt kannst Du nicht mehr zurück. Der Skandal wäre für Papa noch schlimmer, als wenn Du wirklich Deinen Dichterfürsten heiratest, dessen Werke Papa zum Glück sehr hoch schätzt."[140]

Frida setzt sich in den Zug und fährt nach Berlin. Doch am Bahnhof erwartet sie nicht ihr Verlobter, sondern ein gemeinsamer Freund. Von ihm erfährt sie, dass Dagny Juel, die geheimnisvolle Aspasia aus dem „Schwarzen Ferkel", sich während Fridas Abwesenheit Strindberg in die Arme geworfen habe, doch die Affäre sei nun beendet. Frida verzeiht und August Strindberg hält schriftlich bei Friedrich Uhl um die Hand der Tochter an. Die Hochzeit soll auf Helgoland stattfinden. Eine kirchliche Trauung kommt ohnehin nicht infrage, da Frida Uhl katholisch ist und ihr Bräutigam protestantisch und geschieden. Marie Weyr fährt mit Fridas Mitgift im Gepäck als Abgesandte der Familie nach Norden und erfährt zu ihrer Verblüffung, dass die Hochzeit nicht stattfinden wird. Strindberg, der kurz zuvor seine Braut betrogen hatte, verdächtigt nämlich Frida, mit Hermann Sudermann ein Verhältnis gehabt zu haben und überdies einem Maler mit entblößtem Rücken Modell gestanden zu sein, was er als Skandal empfindet. Frida ist empört, weist die Vorwürfe zurück und löst die Verlobung. Da erklärt ihre resolute Schwester: „Ich bin zu deiner Hochzeit gekommen und nicht zu deiner Scheidung!" Ihrem Geschick ist es zu verdanken, dass sich das Paar versöhnt und es nicht zu der Blamage einer geplatzten Hochzeit kommt.

EHEHIMMEL UND EHEHÖLLE

Am 2. Mai 1893 werden August Strindberg und Frida Uhl auf Helgoland getraut. Der Tradition gemäß stellt der Pastor bei der Trauung Fragen, die von Braut beziehungsweise Bräutigam zu beantworten sind. Die letzte Frage lautet: „Schwören Sie, dass Sie kein Kind von einem anderen unter dem Herzen tragen?" Frida beantwortet diese Frage wahrheitsgemäß mit einem Ja. Da wendet sich der verwirrte Pastor an Strindberg mit derselben Frage, und Strindberg, nervös und aufgeregt, antwortet: „Ich schwöre, dass ich kein Kind von einem anderen unter dem Herzen trage." Die Braut bekommt einen Lachkrampf, während weder Pastor noch Bräutigam sich der Komik der Situation bewusst sind und konsterniert Frida anstarren. Marie ringt ebenfalls um Fassung, kann sich aber doch beherrschen und reicht Frida ein Taschentuch, die nun vorgibt, ihre Lachtränen wären Tränen der Rührung. Marie Weyr scheint Strindberg schnell durchschaut zu haben. Jedenfalls ahnt sie die Probleme, die auf ihre Schwester zukommen werden. An ihren Mann schreibt sie:
„Du kannst Dir absolut nicht vorstellen (...), was für Menschen das sind, unter denen Frida lebt. So was Verschrobenes,

Unnatürliches, Krankhaftes, lauter Geist und kein Funken gesunder Vernunft (...), und Strindberg selbst, der könnte unsereinen rein wahnsinnig machen (...), dabei macht er immer mehr den Eindruck eines wirklichen Genies. Aber keine Spur von gesundem fröhlichem Schaffen, eher ein Drang, wie wenn es einen Verbrecher zum Morde treibt (...). Wie das enden wird, weiß der Himmel; ich habe mehr Bangen als Vertrauen zu einer Ehe unter solchen Umständen. Frida in ihrer gottgewollten Blödheit sieht den Himmel auf Erden neben ihm."[141]
Die nächsten drei Wochen sind vielleicht wirklich der Himmel auf Erden in Fridas Leben. Es werden Zeiten kommen, die einer Hölle auf Erden gleichen.
Nach den Flitterwochen fährt das junge Paar nach London, wo die englische Erstaufführung von Strindbergs Drama „Vater" stattfinden soll. Doch dazu kommt es nicht. Strindberg ist enttäuscht, Englisch spricht er nur mangelhaft, und er fühlt sich seiner Frau unterlegen, die London gut kennt und ehrgeizig bestrebt ist, seine Werke in Verlagen oder an Theatern unterzubringen. Ihre Bemühungen bleiben jedoch ohne Erfolg, und Strindbergs Schulden, die er noch von Berlin her hat, wachsen ihm über den Kopf. Das einzige Einkommen des Paares sind die Honorare, die Frida für ihre Beiträge für die *Wiener Zeitung* bekommt. Diese Abhängigkeit kann Strindberg nicht ertragen. Er verlässt London und trifft sich mit Freunden auf der Insel Rügen. Mit Literatur will er jetzt nichts mehr zu tun haben. Er widmet sich der Naturwissenschaft, versucht Schwefel herzustellen und Gold zu machen, will den alten Alchemistentraum verwirklichen. Seine Versuche scheitern und ebenso scheitern Fridas Versuche, in London seine Werke zu verbreiten. Sie fleht ihn an, zu ihr nach London zu kommen, und verlangt eine Entscheidung: „Überlege ein für alle Mal: Liebst du mich, oder nicht (...) Wenn nein, nein! Mein Gott, sag es nur. Ich werde mich

nicht rächen. Ich werde aus der Rolle gefallen sein, zu der mich das Schicksal bestimmt zu haben schien. Sag es. Unsere Wege werden sich nicht mehr kreuzen. Wenn mir das Herz bricht – mein Gott, es ist schon gebrochen."[142]
Strindberg ist verzweifelt. Er liebt seine junge Frau, aber so kann es nicht weitergehen. Als er sie in seiner Verliebtheit um ihre Hand bat, hatte er sich über die wirtschaftlichen Voraussetzungen ihrer beider Existenz keine Gedanken gemacht. In seiner Not wendet er sich an seine Schwägerin, und Marie Weyr ist bereit, zu helfen. Sie bittet ihre Mutter, Marie Uhl, Strindberg nach Mondsee einzuladen. Und Marie Uhl schreibt im Überschwang der Gefühle: „Lieber, geliebter August Strindberg, komm nur in unser wie auch dein Heim. (...) Dein neuer Papa hat Sehnsucht nach deinem Genie, ich nach deinem so blutig zerschlagenen Herzen (...)"[143]
Vielleicht will sie jetzt als Schwiegermutter Mütterlichkeit ausleben, etwas, was sie bei ihren eigenen Kindern versäumt hat.
Friedrich Uhl und Strindberg sind einander von Anfang an sympathisch, jeder schätzt die Arbeit des anderen. Aber Strindberg sehnt sich nach seiner Frau und bittet sie, zu kommen. Zum ersten Mal liest er ein Feuilleton, das seine Frau geschrieben hat, und staunt über ihr schriftstellerisches Talent, findet Geist und Farbe in ihrem Stil. Im selben Brief aber, in dem er ihren Stil lobt, nennt er sie eine „Amazone" und überhäuft sie mit haltlosen Anschuldigungen, unterstellt ihr, dass sie ihn nur dann liebe, wenn er klein und unglücklich sei, und ihn hasse und verabscheue, wenn sie den Herrn und Mann in ihm sähe. Ihr Fleisch begehre den Mann, ihre Seele stoße ihn zurück. Hier zeigt sich wieder Strindbergs Angst – Angst vor der emanzipierten, intelligenten Frau.
Mittlerweile bemerkt man im Ort Mondsee zwar die Anwesenheit von Friedrich Uhls Schwiegersohn, aber gleichzeitig

die Abwesenheit von dessen Frau und beginnt allerlei Vermutungen anzustellen. Friedrich Uhl hasst Gerüchte, die seinen Ruf schädigen, und verlangt von Strindberg, er müsse Frida befehlen, nach Mondsee zu kommen. Das lehnt Strindberg ab und Frida bleibt in London, sie will unbedingt beweisen, dass sie für das Werk ihres Mannes etwas erreichen kann. Nun ist Friedrich Uhls Geduld zu Ende und er fordert die Tochter auf, unverzüglich zu ihrem Ehemann zu kommen. Auch hat sich die Harmonie, die anfangs zwischen dem Ehepaar Uhl und dem Schwiegersohn herrschte, verflüchtigt. Strindbergs totale Naivität in Geldsachen kann und will Uhl, der sich nie seinen finanziellen Verpflichtungen entzogen hat, nicht begreifen.

Es kommt zum Krach, als er Strindberg vorschlägt, für Zeitungen zu schreiben, um Geld zu verdienen, schließlich hätte er, Uhl, es auch tun müssen. Damit kränkt er Strindberg zutiefst. Einzig von der Schwiegermutter fühlt sich der Dichter verstanden. Sie ist nämlich der Ansicht, dass Fridas Eigensinn einmal gebrochen werden müsse. Sie selbst habe sich ja auch immer gefügt – in die von ihrem Mann gewünschte Trennung nach Fridas Geburt und in das Reglement ihrer Eltern auf dem Gut in Dornach, als sie zu ihnen zurückkehrte. Als zu allem Ungemach noch ein Brief Fridas eintrifft, in dem sie bittet, der Vater möge die ausständigen Unterhaltszahlungen an Strindbergs Familie begleichen, kommt es zum Eklat. Strindberg verlässt bei Nacht und Nebel das Haus und reist nach Berlin. Am nächsten Tag trifft Frida in Mondsee ein. Auf Befehl des Vaters reist sie ihm nach.

Nach drei Monaten der Trennung ist das Paar wieder vereint und es beginnen, wie Strindberg gesteht, zwei der glücklichsten Monate ihrer Ehe. Doch dann kommt die Nachricht, dass Strindbergs Roman „Die Beichte eines Toren", auch unter dem Titel „Plädoyer eines Irren" erschienen, in dem er

Schloss Dornach, Sitz von Fridas Familie mütterlicherseits

seine Beziehung zu Siri von Essen aufarbeitete, beschlagnahmt wurde. Der Roman enthalte unsittliche Passagen, lautet der Vorwurf, der seinen Ruf als ernsthafter Schriftsteller ruiniert. In der öffentlichen Meinung gilt er jetzt als Autor obszöner Schriften, die kein seriöser Verlag zu publizieren und keine seriöse Bühne aufzuführen wagt.

FAMILIENBANDE

Dann trifft Frida – so empfindet sie es – ebenfalls ein Schlag: Sie ist schwanger. Sie denkt an Abtreibung, aber da reagiert Strindberg mit Zorn. In der Mutterschaft sieht er die natürliche Bestimmung der Frau, eine heilige Aufgabe. Es kommt zu Handgreiflichkeiten und Frida flüchtet zu ihrer Schwester Marie. Auf die Frage Strindbergs, wie es seiner Frau gehe, antwortet die Schwägerin: „Sie hat mir unter Tränen beteuert, dass sie auf diese finstere Idee nur aus Verzweiflung

verfallen ist, weil sie nicht mehr sah, wie sie bei Eurer Lage ein Kind würde ernähren und großziehen können, da ja weder Geld da ist noch irgendwie eine Aussicht."[144] Sie erklärt ihm weiters, dass Frida sich scheiden lassen werde, wenn er von ihr verlange, die Ehe unter den bisherigen Verhältnissen weiterzuführen, dass sie aber bereit sei, mit ihm irgendwo auf dem Lande zu leben, bis sich die Vermögensverhältnisse gründlich gebessert hätten. Er müsse versprechen, nie mehr brutal zu sein und sie mit seinem Misstrauen zu verfolgen. Im Fall einer Scheidung sei sie bereit, alle Schuld auf sich zu nehmen. Sie verlange nur, dass er auf alle Rechte an dem Kind, das sie erwartet, verzichte und sich verpflichte, niemals ein Buch über sie und eure Ehe zu veröffentlichen.
Strindberg liest den Brief und fährt zu seiner Frau. Von Scheidung ist nicht mehr die Rede, und als künftigen Wohnsitz wählt man die mährische Hauptstadt Brünn, wo die Lebenshaltungskosten niedriger sind als in Berlin. Strindberg arbeitet an seiner naturwissenschaftlichen Streitschrift „Antibarbarus", von der er sich eine wissenschaftliche Revolution erhofft. Doch niemand will sie publizieren. Da sich aber die wirtschaftliche Situation auch in Brünn nicht bessert, bleibt als Ausweg nur, Fridas Familie erneut um Hilfe zu bitten.
Fridas Großeltern, Cornelius Reischl und seine Frau Marie, erweisen sich als großzügig und stellen dem Ehepaar eine ganze Etage im Herrenhaus ihres Gutes zur Verfügung. Strindberg experimentiert, schreibt und befasst sich mit der noch jungen Kunst der Fotografie. Auch mit dem Notar Reischl versteht er sich gut, bis eine amtliche Vorladung vom Gericht der Stadt Grein eintrifft. Strindberg soll sich wegen seines angeblich unsittlichen Buches „Die Beichte eines Toren" verantworten. Er ist jedoch der Meinung, als schwedischer Staatsbürger brauche er sich einem österreichischen

Gericht nicht zu stellen. Das kann der Jurist Reischl nicht akzeptieren. Seine Sympathien für den Dichter, der ohne geregeltes Einkommen auf seine Kosten lebt, halten sich ohnedies in Grenzen. Einzig Fridas wegen, die hochschwanger ist und – wie sich der passionierte Jäger Reischl ausdrückt – „Schonzeit" hat, wirft er das Paar nicht ganz aus dem Haus, sondern stellt ihm das sogenannte „Häusel", ein kleines mit Stroh gedecktes Haus, als Wohnung zur Verfügung.
Beide sind von der idyllischen Lage des Häuschens mit Blick auf die Donau entzückt und beginnen sich einzurichten. Zunächst aber will Strindberg in Berlin sich doch dem Gericht stellen und außerdem die Drucklegung des „Antibarbarus" betreiben. Die Schrift erscheint, aber die darin vertretenen Thesen werden ignoriert oder als Spinnereien abgetan. Erst viel später wird sich herausstellen, dass manche Erkenntnisse des Dichters ihre Richtigkeit haben.

Am 26. Mai 1894 bringt Frida ein Mädchen zur Welt, das den Namen Kerstin erhält. Damit ist aber die Beschaulichkeit in dem Häuschen an der Donau dahin. Großmutter, Hebamme und Magd liegen der jungen Mutter mit Ratschlägen für das kränkelnde Kind in den Ohren und strapazieren die Nerven des Vaters, der Fluchttendenzen entwickelt. Frida spürt, dass Strindberg ihr entgleitet, und es kommt wieder zu heftigen Auseinandersetzungen, denen leidenschaftliche Versöhnungen folgen.
Strindberg folgt einer Einladung nach Paris. Am Theater werden seine Stücke aufgeführt, die Erstaufführung des Dramas „Gläubiger" wurde ein Triumph und der Verleger Albert Langen plant eine Gesamtausgabe seiner Werke. Frida fühlt sich zurückgesetzt, sie ist nicht die Frau, der Mutterschaft Erfüllung bedeutet. Im autobiografischen Roman „Kloster" legt ihr Strindberg folgende Worte in den Mund:

„‚Du weißt, ich habe kein Buch mehr gelesen, seit das Kind zur Welt kam, und ich habe seit einem Jahr nichts mehr geschrieben. Ich reise mit dir nach Paris.‘“ Weiter heißt es: „Die ehrgeizige und emanzipierte Frau trat wieder hervor, vielleicht auch die neidische Konkurrentin, denn zuweilen gebärdete sie sich als die ihm überlegene Schriftstellerin (...). Doch zum Glück hatte sie nicht die Möglichkeit, zu reisen: Die Alten waren dagegen, und sie musste sich darein finden, dass er sie verließ (...).“[145]
Strindberg genießt nach der ländlichen Einsamkeit das pulsierende Leben der Großstadt und die lang entbehrte Anerkennung als Schriftsteller. Sie wird ihm vor allem durch den jungen Verleger Albert Langen und dessen reichen Freund Willi Grétor zuteil. Seiner Frau rät er jedoch unverblümt, sie möge zu Hause bleiben und Bücher rezensieren, statt Theater in Paris zu besuchen. Und er schreibt den verhängnisvollen Satz: „Die Emanzipation ist hier unbekannt, und Emanzipierte und Prostituierte ist ein und dasselbe.“[146]
Aber Frida lässt sich nicht beirren. Mit dem Reisegeld, das ihr der Großvater ohne Wissen seiner Frau zugesteckt hat, lässt sie ihr Kind in der Obhut einer Amme zurück und fährt nach Paris. Sie fällt Strindberg in die Arme und beide sind glücklich. Sie genießt Paris und die Bewunderung des Verlegers Langen und dessen Freundes Grétor. Das weckt wiederum Strindbergs Eifersucht und seinen Hass, der dann nach altem Muster in Liebe umschlägt. Da trifft ein Brief aus Dornach ein, in dem Kerstins Amme mitteilt, sie sei von Großmutter Reischl beleidigt worden und werde das Haus verlassen. Noch am selben Abend verlässt Frida Paris und fährt zurück zu ihrem Kind.

DIE EHE ZERBRICHT

Es ist ein Tag im November des Jahres 1894. An diesem Tag sehen Frida und August Strindberg einander zum letzten Mal. Briefe zwischen August in Paris und Frida in Oberösterreich wechseln hin und her. Sie will wieder nach Paris, diesmal aber mit eigenem Geld. Strindberg ist misstrauisch, ihre Kontakte mit dem Verleger Langen sind ihm verdächtig. Ihre Kraft ist jetzt erschöpft.

Sie schreibt ihm: „Seit ich Deine Frau geworden bin, habe ich nur für Dich gelebt. (...) Ich habe in Paris nur mit den Menschen verkehrt, mit denen Du mich zusammengebracht hast. (...) Deine Beschuldigungen sind nichts als eine Waffe. Morgen wirst Du mir alles wieder vergeben, alle sieben Todsünden wirst du mir vergeben, auch wenn ich nicht eine davon begangen habe. Das ist das Schlimmste, denn damit bleiben sie alle an mir kleben."[147]

Mitte November erhält Friedrich Uhl das Schreiben des Anwalts von Strindbergs erster Ehefrau mit der Aufforderung, er möge die ausstehenden Alimente seines Schwiegersohns bezahlen. Uhl ist empört. Er fühle sich nicht verpflichtet, für die Kinder anderer Väter zu zahlen, schreibt er seiner Frau. Frida verzichtet auf ihren Erbanteil am Vermögen der Großeltern und tritt ihre Apanage an ihre Mutter ab, die sich verpflichtet, für ihre Enkelin Kerstin Strindberg zu sorgen. August Strindberg sieht es anders: „Meine göttliche Sorglosigkeit hat mich in eine Ehe gelockt, in der ich wie ein Bettler behandelt worden bin und wo es so weit kam, dass meine Kinder mich verfluchen."[148] Jetzt reicht Frida Strindberg die Scheidung ein.

Nach dem Tod des Großvaters lebt sie am Althanplatz in Wien in einem seiner Häuser und arbeitet für den Verlag von Albert Langen, kehrt aber bald wieder zu ihrer Tochter nach Dornach zurück. „Der Scheidungsprozess wickelte sich sehr langsam ab, wurde von Zeit zu Zeit durch einen Liebesbrief, einen Aufschrei der Sehnsucht, Versprechungen der Versöhnung unterbrochen. Und schließlich ein schroffes Lebewohl auf immer. Ich liebe sie, sie liebt mich, und wir hassen einander mit dem wilden Hass der Liebe, die sich durch die Trennung steigert",[149] schreibt Strindberg zwei Jahre später in seinem Roman „Inferno".

Im Oktober 1895 ist der Berliner Prozess gegen Strindberg als Verfasser des Romans „Die Beichte eines Toren" beendet. Strindberg wird freigesprochen. Er nimmt den Freispruch ohne besondere Anteilnahme entgegen. Was ihn jetzt bedrängt und fast um den Verstand bringt, sind schwere Nervenkrisen, Obsessionen und Halluzinationen. In seinen Angstvorstellungen sind harmlose Ereignisse des Alltags Vorbedeutungen, er ist überzeugt von der Existenz unbekannter Mächte, die ihn um seiner Sünden willen verfolgen, glaubt, dass man ihn ermorden will. Er vertieft sich in die Bücher des Alten Testaments, vergleicht sich mit Hiob und empfindet seine Leiden als Beweis, auserwählt zu sein.

Schließlich flüchtet er nach Schweden und von Schweden nach Österreich. Er wohnt abwechselnd in Saxen, einem Dorf in der Nähe von Dornach, wo auch Marie Uhl mit ihrer Enkelin Kerstin lebt, und im Nachbarort Klam, wo Maries Zwillingsschwester Melanie wohnt. Mit den beiden Schwestern versteht er sich gut und Kerstin, seine zweieinhalbjährige Tochter, kommt auf ihn zu und lässt ihn zumindest für die Stunden des Beisammenseins seine Wahnvorstellungen vergessen.

Nach sechs Wochen kehrt Strindberg nach Schweden zurück. Er schreibt regelmäßig an seine Schwiegermutter und an Kerstin, an seine Frau schreibt er nicht. In den Briefen

an Marie Uhl erkundigt er sich stets nach Fridas Befinden, manchmal klingt eine Hoffnung auf Versöhnung an. Das aber will Fridas Familie unter keinen Umständen. Am 5. Februar 1897 wird die Ehe zwischen August und Frida Strindberg nach österreichischem Recht für ungültig erklärt.
In Schweden wendet sich Strindberg wieder der Dichtung zu. Sein Dramenzyklus „Nach Damaskus“ entsteht und seine historischen Dramen. Nun ist er in der Lage, Geld nach Dornach für alle von ihm verursachten Unkosten zu schicken. Im Sommer 1901 heiratet August Strindberg die junge Schauspielerin Harriet Bosse. Es ist seine dritte Ehe. Den brieflichen Kontakt zu seiner Tochter Kerstin bricht er ab. In seinem letzten Brief an sie am 5. Dezember 1909 schreibt er: „Ich bin so befremdet für alles, was Österreich betrifft (...). Es ist mir wie ein altes Märchen, unglaublich und doch wahr einmal (...), aber ich bin ja ein Dichter, und das Leben ist mir nur Material für Dramen, am meisten Tragödien! (...) Leb wohl! und betrachte mich nur als ein Souvenir.“[150] Er stirbt am 14. Mai 1912 in Stockholm.

FRIDA STRINDBERG UND FRANK WEDEKIND

Im Sommer 1896 lebt Frida Strindberg wieder in München. Dorthin hat auch Albert Langen den Sitz seines Verlages verlegt. Gemeinsam mit Frank Wedekind gründet er die satirische Zeitschrift *Simplicissimus*, in der Wedekind unter verschiedenen Pseudonymen mit scharfem Witz das Zeitgeschehen kommentiert. Sein Drama „Frühlingserwachen“ ist eine leidenschaftliche Anklage gegen die Verlogenheit und Prüderie der bürgerlichen Gesellschaft. In den Stücken „Erdgeist“, „Büchse der Pandora“ und später in dem Drama „Lulu“ ist das große Thema die Sexualität als eine ursprüngliche,

elementare Kraft, die sich gegen die Gesellschaft und die bürgerliche Moral aufbäumt. Mit Frauenemanzipation hat er ebenso wenig am Hut wie August Strindberg. Frida kennt Wedekind von Paris her, schon damals war sie von dem jungen Genie beeindruckt, und als sie den Exzentriker jetzt wieder trifft, scheint sich die Tragik ihrer Beziehung zu Strindberg zu wiederholen. Jahre später wird sie ihrer Tochter Kerstin schreiben:
„Seit meiner Jugend habe ich am meisten dort geliebt, wo ich am schlechtesten behandelt wurde, und ich habe nie die gesucht, die gut für mich waren, sondern hing wie eine Sklavin – oft sogar ohne wirkliche Liebe – an solchen, die schlecht waren zu mir."[151]
Wedekind schätzt an Frida Strindberg ihre Kompetenz als Kritikerin und Journalistin, vor allem aber ihre Beziehungen zum Theater. Als sich die Münchner Theaterszene doch nicht so fortschrittlich zeigt, wie er es erhofft hat, geht er nach Berlin. Als er bereits in andere Liebesaffären verstrickt ist, merkt Frida, dass sie schwanger ist. Wedekind bedauert, dass er sie wegen seiner literarischen Erfolglosigkeit in Berlin – an der er Frida die Schuld gibt – finanziell nicht unterstützen könne, und kümmert sich weiter nicht um sie.
Am 21. August 1897 kommt ihr gemeinsamer Sohn zur Welt. Sie nennt ihn Friedrich Max: Friedrich nach ihrem Vater und Max aus Dankbarkeit gegenüber dem Schriftsteller Max Halbe, der ihr in dieser Zeit eine seelische Stütze ist. Das Kind trägt den Nachnamen Strindberg, da nach der Annullierung der Ehe von August und Frida Strindberg noch keine neun Monate vergangen sind. Eine Heirat steht nicht zur Debatte. Seiner Mutter schreibt Wedekind: „Ich würde sie auch niemals heiraten, sowenig wie sie mich. Wir haben einander gründlich satt gekriegt. Sie hat mich schon geliebt, aber durch ihre ungeheure Dummheit nicht wenig zu den

Missgeschicken beigetragen, die in Berlin meine dortigen Aussichten zu Wasser werden ließen." [152]

Frida schlägt sich mit ihrem Sohn mühsam mit Übersetzungen und Zeitungsartikeln durchs Leben. In Gräfin Franziska zu Reventlow, die ebenfalls einen unehelichen Sohn zur Welt gebracht hat und deren Schicksal einige Parallelen zu ihrem aufweist, findet sie eine Freundin. Beide versuchen, oft auf abenteuerliche Weise – sie führen zum Beispiel gemeinsam ein Milchgeschäft – zu Geld zu kommen. Währenddessen erringt Wedekind mit der Aufführung von „Erdgeist" 1898 in Leipzig seinen ersten großen Erfolg. Nun besinnt er sich auf Frida und hofft, sie könnte ihm bei der Aufführung des Dramas in München behilflich sein. Frida ist nach wie vor geblendet von seinem Charme und verzeiht ihm seine Missachtung und seine Eskapaden.

Einen Tag nach der Münchner Premiere von „Erdgeist" wird Wedekind polizeilich gesucht. Er hatte im *Simplicissimus* ein Spottgedicht über Kaiser Wilhelm II. veröffentlicht und will sich nun in die Schweiz absetzen. Am Morgen des 30. Oktober 1898 bringt Frida ihn zur Bahn und bleibt mit ihrem Sohn und Frank Wedekinds Bruder Donald zurück. Frida kümmert sich um den an Syphilis erkrankten und morphiumsüchtigen Donald. Als sein Versuch, als Redakteur zu arbeiten, mit einer Entlassung endet, erschießt er sich 1906 im Wiener Prater.

FIASKO UND SKANDAL

Im Sommer 1899 lebt Frida Strindberg in London. Ihr Sohn wächst gemeinsam mit seiner Halbschwester Kerstin in der Obhut Marie Uhls auf. In London nimmt Frida Kontakt zu dem Verleger William Heinemann auf, mit dem sie sich als junge Ehefrau zum Missfallen Strindbergs öfter getroffen hatte. Er engagiert sie als seine literarische Agentin und als Übersetzerin und ermöglicht ihr, beruflich wieder Fuß zu fassen.

1901 gründet der Literat Ernst von Wolzogen in Berlin das erste literarische deutsche Kabarett, das „Überbrettl". Im Publikum sitzt auch Frida Strindberg, die sich seit ihrem Besuch in Paris für dieses Genre begeistert. Hans Heinz Ewers, ein skandalumwitterter Bestsellerautor, der sich als Nachfolger von Edgar Allan Poe und Oscar Wilde sieht, trägt seine satirischen Texte vor und begeistert Berlin. Er wird Fridas neuer Liebhaber. Seine Alkoholexzesse und Drogenexperimente können sie nach allem, was sie bereits erlebt hat, nicht erschüttern. Ernst von Wolzogen kommentiert die Affäre: „Ich warnte die Strindbergin als aufrichtiger Freund, aber ihr Verhängnis musste sich erfüllen, denn nach Wedekind gab es nur noch eine Steigerung: Hans Heinz Ewers."[153] Trotz der anfänglichen Popularität des „Überbrettls" gerät das Unternehmen in eine finanzielle Krise, worauf Wolzogen aussteigt. Ewers, der an dem Debakel mit schuld ist, verlässt Berlin.

Enttäuscht und verletzt landet Frida einmal mehr in Dornach. Alle Versuche, eine eigene Existenz aufzubauen, sind fehlgeschlagen, ihren Kindern ist sie entfremdet. Eines Tages stöbert sie im Häuschen, wo sie mit Strindberg gewohnt hat und wo ihre Tochter Kerstin geboren wurde, in Erinnerungen und stößt zufällig auf ein Paket. Es sind Briefe Strindbergs, die er nach der Trennung an seine Schwiegermutter geschrieben hat. Erschüttert liest sie, wie immer wieder Besorgnis um sie und ihre Lebensumstände anklingt. Ja, sogar eine leise Hoffnung auf Versöhnung glaubt sie wahrnehmen zu können. Ihre Mutter hat ihr all das verschwiegen. Sie wird es ihr nie verzeihen. Frida schreibt an ihren geschiedenen Mann:

„August, ich habe dich das letzte Mal in diesem Leben in Paris (...) gesehen, als die Bäume in Luxembourg (...) Gold hervorbrachten (...) Ich bin eines Tages auf den Dachboden des Häusels gestiegen. An diesem Tag habe ich geglaubt, ich werde verrückt (...). Ich habe die Briefe gesehen, das erste und einzige Mal gesehen, die du während unserer Trennung an Mutter geschrieben hast. Ich glaubte mich aus deinem Herzen und Leben verbannt (...). Zu erfahren, dass du mich geliebt hast, mir Verzeihung, Versöhnung angeboten hast (...), das nicht gewusst zu haben und jetzt zu erfahren (...) Ach, wärst du zurückgekommen (...)."

Sie schließt mit den Worten: „Verzeih, Verzeih der, die du vergessen hast."[154] August Strindberg hat auf diesen Brief nie geantwortet.

Im April 1903 stirbt Fridas Schwester Marie Weyr. Friedrich Uhl, seit dreißig Jahren Chefredakteur der *Wiener Zeitung*, wird aufgrund einer Intrige seines Amtes enthoben, bleibt aber führender Theaterkritiker. Frida Strindberg lebt nun in Wien.

Die Stadt erlebt um 1900 wahrscheinlich die kreativste Phase ihrer Geschichte. In der Musik, in der Literatur und in der bildenden Kunst herrscht Aufbruchsstimmung, eine neue Zeit kündigt sich an. Hermann Bahr, Hugo von Hofmannsthal, Karl Kraus, Peter Altenberg, Anton Kuh, Alfred Polgar und Arthur Schnitzler treffen einander in den Literatencafés „Griensteidl" und „Central", diskutieren und kritisieren, suchen und finden neue Wege. In der Berggasse 19 im neunten Wiener Gemeindebezirk vertieft sich Sigmund Freud in die „Traumdeutung" und entwickelt seine Theorie der Psychoanalyse. Der 1899 gegründete „Wiener Verlag" widmet sich vor allem der progressiven Literatur, publiziert zum Beispiel Schnitzlers „Reigen" und Musils „Die Verwirrungen des Zöglings Törleß".

Frida Strindberg kann jetzt ihre Kontakte zu den Verlegern William Heinemann in London und Albert Langen in München nutzen. Im „Wiener Verlag" erscheint die erste vollständige Ausgabe der Werke von Oscar Wilde, „Salome" und „A House of Pomegranates" in Frida Strindbergs Übersetzung. Mit Karl Kraus, der ihr Urteil schätzt und Strindberg und Wedekind bewundert, steht sie in Verbindung. Auf ihre Anregung hin organisiert Kraus eine Privataufführung von Wedekinds „Büchse der Pandora", in der Wedekind als Jack the Ripper auftritt und Kraus eine Nebenrolle spielt. Wedekind bedankt sich bei Karl Kraus und bezeichnet die Aufführung als bedeutungsvollsten Zeitpunkt seiner literarischen Tätigkeit. Bei Frida Strindberg bedankt er sich nicht. Auch Schnitzler lässt es an Wertschätzung fehlen. In seinem Fragment „Das Wort" präsentiert er sie in der Figur der Frau Flatterer als oberflächliche und typische Vertreterin der Gesellschaft. Schreibende Frauen sind nicht nach Schnitzlers Geschmack, es gäbe etwas noch Unausstehlicheres als Autoren, sagt er, nämlich Autorinnen.

Friedrich Uhl stirbt am 20. Jänner 1906 in Mondsee. Mit ihm verliert Frida die wichtigste Bezugsperson ihres Lebens, vielleicht auch ihren psychischen Halt. Dafür befreit sie das Vermögen, das er hinterlässt, von ihren finanziellen Sorgen und sie kann mit vollen Händen Geld ausgeben. Ihr Privatleben verläuft jedoch weiterhin desaströs. Der Schriftsteller Werner von Oestéren, der aus ihren Beziehungen zu Verlegern und Kritikern Vorteile zieht, lebt kurze Zeit auf großem Fuß mit ihr zusammen. Als sie spürt, dass sein Interesse weniger ihrer Person als ihren Verbindungen zu literarischen Kreisen gilt, kommt zu Streit und unschönen Szenen. Frida greift immer öfter zu Medikamenten und Drogen und schlittert in eine gefährliche Abhängigkeit. Sie klagt Oestéren wegen dessen Bemerkung, er würde sie abschieben lassen, wenn sie nicht aufhöre, ihn zu verfolgen. Daraufhin behauptet Oestéren, sie habe ihn mit einem Revolver bedroht, und Frida zieht die Klage zurück.

Dieser Vorfall wird ein Jahr später publik, als ein ähnlicher Vorfall von der Presse genüsslich ausgeschlachtet wird. Frida hatte begonnen, sich extravagant zu kleiden, eine elegante Wohnung gemietet und als charmante und gebildete Frau Zutritt zu den vornehmsten Kreisen Wiens gefunden. Sie pflegt den Kontakt zu Katharina Schratt, Kaiser Franz Josephs „gnädiger Frau", und wird zu den Empfängen in deren Villa in Hietzing eingeladen. Dort wird Frida mit Fürst Karl Fugger von Babenhausen bekannt und geht mit ihm eine Liaison ein. Doch auch diese Beziehung scheitert und endet mit einem Skandal. Das *Neue Wiener Journal* berichtet im Jänner 1908: „Gegen Frau Strindberg, die aus Wien flüchtig und gegenwärtig unbekannten Aufenthaltes ist, wurden mehrere Strafanzeigen erstattet, und zwar wegen Erpressung, gefährlicher Drohung, Veruntreuung, Betrugs und Krida."

Laut einer Anzeige Fuggers von Babenhausen sei Frida Strindberg in der Neujahrsnacht höchst erregt im Hotel Bristol erschienen und habe Drohungen gegen ihn ausgestoßen. Dabei sei ein Schuss gefallen, es konnte jedoch nicht zweifelsfrei festgestellt werden, ob der Schuss gegen den Fürsten oder, wie Frida Strindberg behauptet, gegen sie selbst gerichtet gewesen sei. Erschwerend sei, heißt es weiter, dass Frau Strindberg auch den Schriftsteller Werner Oestéren mit der Waffe bedroht habe. Soweit der Bericht. Erst Jahre später wird sich herausstellen, dass die meisten der Frida Strindberg angelasteten Delikte haltlos und von Oestéren lanciert waren.

Nach diesem Skandal ist Fridas Ruf ruiniert. Sie flüchtet nach London, wo sich nach Jahren viktorianischer Prüderie neue Kunstströmungen zu formieren beginnen. Auch weiß man in den literarischen Zirkeln um ihre Verdienste um das Werk Oscar Wildes. Robert Ross, Wildes Nachlassverwalter und Besitzer einer Galerie, macht Frida Strindberg mit Künstlern und Galeristen bekannt und eröffnet ihr die Chance, sich mit dem Handel von Gemälden in der Gesellschaft zu etablieren. Mit ihrem untrüglichen Sinn für Qualität erwirbt sie sich bald eine geachtete Position.

Privat aber beginnt das alte Spiel von Abhängigkeit und Verfolgung erneut. Augustus John, ein Maler des Spätimpressionismus und bedeutender Porträtist, führt mit seiner Frau und zahlreichen Geliebten das Leben eines Bohemiens. Frida ist von seinen Bildern begeistert und verfällt seiner exzentrischen Persönlichkeit. Als er die Affäre mit ihr beenden will, stößt er auf hartnäckigen Widerstand. Sie will erzwingen, was nicht zu erzwingen ist – seine Liebe. Ihre übertriebene Fürsorglichkeit, ihre Eifersucht und die Vorwürfe, die sie ihm wegen seines Lebenswandels macht, treiben ihn in die Flucht. Sie hetzt Detektive hinter ihm her, verfolgt ihn bis Paris und unternimmt einen Selbstmordversuch. Später wird sie schreiben, dass diese Liebe sie total zerrüttet habe: „Wie oft ich sterben wollte und im Geist starb, weiß ich nicht – tot war ich jahrelang."[155]

Eine neue Aufgabe reißt sie aus ihren Depressionen und weckt neue Lebensgeister. Der Theaterkritiker Jacob Thomas Grein beklagt in der *Sunday Times* die Glanzlosigkeit des Londoner Nachtlebens und ruft zur Gründung eines Kabaretts nach Pariser Vorbild auf. Frida Strindberg, die das Pariser „Le Chat Noir", das Wiener „Cabaret Fledermaus" und das Berliner „Überbrettl" kennt, übernimmt begeistert die Realisierung dieses Projekts und gründet im Londoner Vergnügungsviertel Soho den Nachtklub „The Cave of the Golden Calf". Das Lokal ist Englands erster moderner Nachtklub, ein Treffpunkt englischer Intellektueller und der künstlerischen Avantgarde vor dem Ersten Weltkrieg. Für Ausstattung und Dekoration hatte sie junge aufstrebende Künstler, allen voran den Maler Percy Wyndham Lewis und den Bildhauer Jacob Epstein, engagiert. Das Etablissement ist Kabarett, Restaurant und Nachtklub zugleich. An Sonntagen gibt es Theateraufführungen, darunter Stücke von Strindberg und Wedekind, an Wochentagen ein breit gefächertes Unterhaltungsprogramm. 1912 wird Arnold Schönbergs Melodramzyklus „Pierrot Lunaire" aufgeführt. Zu den Gästen zählen Ezra Pound, der von Fridas Energie und Organisationstalent beeindruckt ist, und James Joyce, der sie in „Finnegans Wake" erwähnt. Lange Dauer ist dem Unternehmen jedoch nicht beschieden. Finanzielle Unregelmäßigkeiten und betrügerisches Personal führen zur Schließung.

Mit Beginn des Ersten Weltkriegs und dem Kriegseintritt Großbritanniens wird das Leben für Frida Strindberg schwierig. Sie ist zwar schwedische Staatsbürgerin, gilt aber als Österreicherin. Wieder ist sie gezwungen, sich eine neue Existenz aufzubauen. Sie verlässt England und geht mit ungebrochenem Mut und Unternehmungsgeist in die USA. Die Amerikaner – so haben es Freunde erzählt – interessieren sich für die progressiven Strömungen in der europäischen Kultur. Darin sieht sie die Chance, das amerikanische Publikum für August Strindberg zu begeistern. Als Einstieg wählt sie, wofür man sich im prüden Amerika heftig interessiert: Strindbergs Verhältnis zu den Frauen. Darauf aufbauend gelingt es ihr, die Zuhörer mit Strindbergs literarischem Schaffen vertraut zu machen. Im Jänner 1915 kann die *New York Times* den Plan, einige Stücke Strind-

Porträtaufnahme von 1935

bergs auf die Bühne zu bringen, ankündigen. Unter Frida Strindbergs Leitung wird „Ostern" erfolgreich aufgeführt. Ein weiteres Feld für die Ausübung ihrer Talente bietet das neue Medium des Films. Unter dem Pseudonym „Marie Eve" schreibt sie Drehbücher. Bald ist sie in den Künstlerkreisen New Yorks eine anerkannte Persönlichkeit, sie hat sich durchgesetzt.

DIE LETZTEN JAHRE

Kontakt zu ihrer Heimat hat sie nicht. Doch als 1920 ein Brief ihrer Tochter Kerstin eintrifft, holt die Vergangenheit sie ein. Kerstin hat nur durch Zufall die Adresse ihrer Mutter erfahren. Frida antwortet umgehend. Sie versucht sich für die Entfremdung zu rechtfertigen, indem sie ihrer Mutter Marie Uhl die Schuld daran gibt. 1924 reist sie in der Hoffnung auf eine Annäherung an Kerstin in die Heimat – und wird enttäuscht. Kerstin ist eine erwachsene, verheiratete Frau, Ratschläge ihrer Mutter braucht sie nicht. Beide waren einander von Anfang an fremd und sind es geblieben.
In den folgenden Jahren lebt Frida abwechselnd in Berlin, München und in Wien. Nach dem Tod ihrer Mutter am 27. Jänner 1929 wird die Villa in Mondsee ihr ständiger Wohnsitz. In der Abgeschiedenheit der Landschaft ihrer Kindheit scheint sie endlich Ruhe zu finden. Sie gibt sich ihren Erinnerungen hin und schreibt nieder, wie ihre Liebe zu August Strindberg begann und wie sie endete. 1932 schickt sie das Manuskript ihres Buches an den schwedischen Verleger

Strindbergs, der es publiziert. Eine deutsche Ausgabe erscheint 1936 unter dem Titel „Lieb, Leid und Zeit – eine unvergessliche Ehe“, eine dänische Ausgabe und eine englische mit dem Titel „Marriage with a Genius“ folgen. Das umfangreiche Werk mit zahlreichen Briefen wird ein Riesenerfolg. Thomas Mann schreibt, dass er täglich darin lese, es ziehe ihn unwiderstehlich an. Am Schluss ihres Buches zitiert sie ihre Antwort auf die Frage eines Freundes, ob sie Strindberg noch einmal heiraten würde: „Ich würde ihn wieder heiraten, ohne mich zu besinnen, ohne zu zaudern. Um jeden Preis.“[156]
Ihre letzten Lebensjahre verbringt Frida einsam. Zu ihren Kindern hat sie kaum Kontakt. Kerstin Strindberg lebt von ihrem Mann geschieden mit ihrem Sohn in Stockholm. Sie stirbt 1956 und wird an der Seite ihres Vaters August Strindberg begraben. Friedrich Max, der Sohn Frank Wedekinds, ist Journalist und Fotograf. Seit 1943 lebt er in Schweden. Unter dem Pseudonym Fredrik Uhlson publiziert er den Dokumentarroman „Under jorden in Berlin“ (Untergrund in Berlin), in dem er das Schicksal der Juden während der Herrschaft des Nationalsozialismus beschreibt. Er macht im Nachkriegsdeutschland als Journalist Karriere und stirbt 1978 in Italien.
Frida Strindberg-Uhl stirbt am 28. Juni 1943 einundsiebzigjährig im Salzburger Landeskrankenhaus und wird in Mondsee beigesetzt.

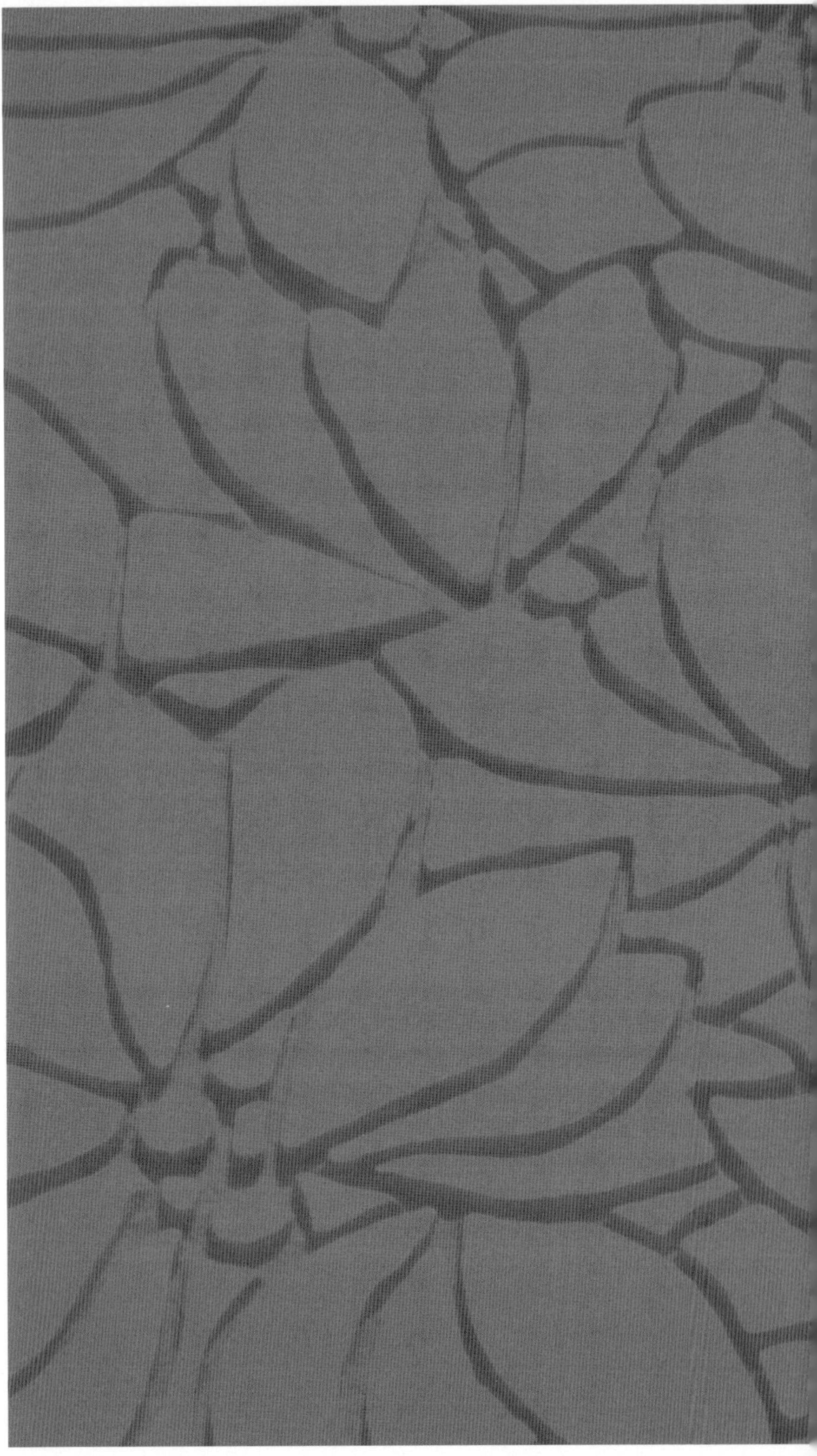

Wagnis Wissenschaft

Bis auf wenige Ausnahmen hatten Frauen im christlichen Abendland mit der tradierten Annahme zu kämpfen, dass den Männern der Geist zukomme und die Sinnlichkeit den Frauen. Daraus ergaben sich Konsequenzen für die Erziehung. „So muss sich die ganze Erziehung der Frau im Hinblick auf die Männer vollziehen. Ihnen gefallen, ihnen nützlich sein (...), sie trösten, ihnen ein angenehmes und süßes Dasein bereiten; das sind die Pflichten der Frau zu allen Zeiten, das ist, was man sie von Kindheit an lehren muss",[157] forderte Jean-Jacques Rousseau. Befürworter der weiblichen Minderwertigkeit sind unter anderen die Philosophen Friedrich Nietzsche und Arthur Schopenhauer, der in seiner Abhandlung „Über die Weiber" den Frauen bescheinigt, infantil, hässlich, dumm und gemein zu sein, sowie Otto Weininger, der in dem berühmt-berüchtigten Besteller „Geschlecht und Charakter" (24 Auflagen in zwanzig Jahren) eine extrem frauenfeindliche Geisteshaltung verficht. „Die Frauen haben keine Existenz, sie sind nicht, sie sind nichts. Man ist Mann oder man ist Weib, je nachdem, ob man wer ist oder nicht."[158] Frauen waren von der Teilnahme an höheren Bildungseinrichtungen ausgeschlossen, der Besuch von Gymnasien und Universitäten blieb ihnen verwehrt. Rechtfertigungen und Begründungen dafür finden sich zur Genüge. In dem 1900 publizierten Essay des Neurologen und Psychiaters Paul Julius Möbius „Über den physiologischen Schwachsinn des Weibes" warnt er: „Wollen wir ein Weib, das ganz seinen Mutterberuf erfüllt, so kann es nicht ein männliches Gehirn haben. Ließe es sich machen, dass die weiblichen Fähigkeiten den

männlichen gleich entwickelt würden, so würden die Mutterorgane verkümmern und wir würden einen hässlichen und nutzlosen Zwitter vor uns haben (...). Man solle vom Weibe nichts verlangen, als dass es ‚gesund und dumm' sei."[159]
Explizit gegen das Frauenstudium der Medizin wendet sich der Anatom und Physiologe Theodor von Bischoff, indem er erklärt, durch „unparteiische und gewissenhafte anatomische und physiologische Forschung sei es längst erwiesen, dass die Frau entschieden ungleich schwächer organisiert, einen minder hohen Entwicklungsgrad habe und in jeder Beziehung dem Kinde näher stehe als dem Mann, dass sie mithin schon wegen der anatomischen Beschaffenheit ihres Körperbaues für das Studium der Medizin und für deren praktische Ausübung sich nicht eigne."[160] Ein weiblicher Arzt, so es ihn gäbe, wäre für ihn „eine Sünde wider den heiligen Geist". Ähnliche Zuschreibungen gibt es viele.

In der mit größter Emotionalität geführten Debatte um das Frauenstudium geht es nicht nur um männliche Ängste vor weiblicher Konkurrenz, sondern auch und vor allem um den Weiblichkeitsmythos der bürgerlichen Kultur jener Zeit. Die Frauenrechtlerin Rosa Mayreder stellt in ihrer Schrift „Die schöne Weiblichkeit" fest, dass mit der Frauenbewegung „die Frage nach dem, was das Weib ‚seiner Natur nach' ist, zum Problem geworden ist".[161] Welche Ausbildung und welche Berufe der „Natur des weiblichen Wesens" oder der „Andersartigkeit" der Frau entsprechen, dominierte die Bildungsdiskussion bis zur Öffnung der Universitäten.
1878 gestattete man Mädchen, „welche den Besitz der bei einer Maturitätsprüfung auszuweisenden Kenntnisse darzulegen wünschen", das Recht, die Matura an einem Knabengymnasium abzulegen, die erforderlichen Kenntnisse mussten sie allerdings auf privater Basis erwerben. 1896 wurde dieses

Zugeständnis erweitert und Frauen, die das 18. Lebensjahr vollendet hatten, ermöglicht, ein „Maturitätszeugnis“ zu erwerben. Der Passus „Reife zum Besuch einer Universität“ im Zeugnis wurde durchgestrichen. Vorlesungen an der Universität durften Mädchen nur als Hospitantinnen besuchen. Österreich war neben Preußen das letzte Land Europas, das Frauen den Zugang zum Studium erlaubte. In der Schweiz war das Frauenstudium bereits 1863 möglich und die Städte Bern und Zürich wurden zum internationalen Treffpunkt von Studentinnen.

Ab dem Wintersemester 1897/98 stand die philosophische Fakultät der Universität Wien den Frauen offen, ab dem Wintersemester 1900/01 die medizinische Fakultät, 1919 die juridische. Die evangelisch-theologische Fakultät erlaubte Frauen den Zugang 1923 und die katholisch-theologische Fakultät 1946. Helene von Druskowitz promovierte 1878 an der Universität Zürich zum Doktor der Philosophie und Gabriele Possanner von Ehrenthal promovierte 1894 in Zürich zum Doktor der Medizin. Ihre Biografien sowie jene von Bertha Eckstein-Diener geben Zeugnis von dem Mut und der Zähigkeit dieser Frauen, die es wagten, sich gegen bürgerlich-patriarchalische Normen zu stellen und ihren eigenen Weg zu gehen.

Bertha Eckstein-Diener (Sir Galahad)

DIE VERWUNDETE AMAZONE

1874–1948

Die junge Frau huldigt dem Schlankheitswahn und betreibt exzessiven Körperkult. Die Eleganz eines Rassehundes, eines Barsoi, hatte sie dazu inspiriert. In ihrem 1921 erschienenen expressionistischen Roman „Die Kegelschnitte Gottes", in dem etliche Passagen mit den realen Erlebnissen der Autorin übereinstimmen, liest es sich so: „Beim ersten Anblick des unvergleichlichen Tieres (...) geriet sie in tagelanges Entzücken, bekam feuchte Augen vor der Harfe dieses Leibes, dem durchscheinende Rippen gleich Saiten anlagen, ruhte auch nicht, bis sie die eingezogenen Flanken des russischen Windspiels am eigenen Körper lebendig besaß."[162]
Die Autorin ist Bertha Eckstein-Diener, die mit ihrem feministischen Standardwerk „Mütter und Amazonen"[163] sowie zahlreichen kulturhistorischen Schriften Bestsellerauflagen erreichte, ehe sie in Vergessenheit geriet. Die Wahl des Namens „Sir Galahad" als Pseudonym kann als Beweis für ihr Streben nach Vollkommenheit dienen. Galahad ist der jüngste unter den Rittern der illustren Tafelrunde des

Königs Artus, er ist ohne Makel, der Ritter mit dem reinsten Herzen. Die zu Lebzeiten legendäre Autorin wurde von Sibylle Mulot-Déri wiederentdeckt. Ihr ist die Biografie „Sir Galahad, Porträt einer Verschollenen“[164] zu verdanken. In den achtziger Jahren interessierte sich auch die Frauenbewegung zunehmend für „Mütter und Amazonen“ als erste weibliche Kulturgeschichte.

DIE „HÖHERE TOCHTER“ REBELLIERT

Bertha Diener kommt am 18. März 1874 in Wien zur Welt. Ihr Vater ist der wohlhabende „Zink-Ornamenten- und Blechwarenfabrikant“ Carl Diener. Zink ist im Bauboom der Wiener Gründerzeit der wichtigste Metallbaustoff, die von Diener erzeugten Ornamente schmücken die Prunkbauten der Ringstraße und bescheren dem Fabrikanten ein Vermögen. Berthas Mutter ist die Tochter eines bei der Österreichischen Nationalbank angestellten Heizers.

Die Familie bewohnt in der Marxergasse im dritten Wiener Gemeindebezirk ein klassizistisches Schlösschen mit Nebengebäuden und einem großen parkähnlichen Garten. Dieser Garten ist das Refugium des kleinen Mädchens. Ein zahmes Reh und eine Katze sind seine einzigen Spielgefährten. Hier erschafft sich Bertha eine Traumwelt, flüchtet sich in Fantasien, lernt aber auch scharf zu beobachten und entwickelt früh einen starken Willen. Ihre Brüder Carl und Paul Hugo, neun und elf Jahre älter, können mit der kleinen Schwester wenig anfangen. Sie gehen in die Schule, besuchen standesgemäß das Gymnasium und später die Universität, während Bertha, wie es für eine „höhere Tochter“ üblich ist, einer Gouvernante anvertraut wird. Das Kind leidet unter der starren und steifen Atmosphäre im Haus der Eltern, die sich

aus kleinen Verhältnissen emporgearbeitet haben und nun sklavisch-ängstlich an bürgerlichen Konventionen festhalten. Die tägliche Familienausfahrt wird Bertha zur Qual:
„Täglich Punkt zwei bog die wenig stilvolle Equipage um das grasige Viereck im asphaltiertem Innenhof, an den Statuen und dem alten Nussbaum vorbei, der Gärtner öffnete weite Torflügel unter der gewölbten Einfahrt und man fuhr bis vier spazieren. Papa und Mama im Fond (...). Die Beinchen reichten nicht bis zum Wagenboden und schliefen einem immer ein in den kleinen Prunellestiefeln. Baumeln durfte man nicht, reden meist auch nicht. Oben redeten die Eltern diese endlosen, gereizten Erwachsenensachen, bei denen man nicht stören sollte, obwohl es doch immer dasselbe war und so überflüssig. Manchmal hob Papa den Hut schräg weg und Mama nickte mit einem süßschiefen und entzückten Gesicht, wie sie es zu Hause nie hatte. Dann musste man auch nicken und mit dem Mund knicksen, meist ohne Ahnung, wer die Leute gewesen, denn Besuch kam fast nie ins Haus."[165]
Berthas Verhältnis zu den Eltern ist gespannt. So matronenhaft, behäbig und intellektuell anspruchslos wie die Mutter, die „zerzaust und verzerrt, mit einem widerlichen Lappen in der Hand den halben Tag herumwedelte",[166] will sie nie sein. Es ist der eigene Körper, an dem sie ihre Vorstellung von Anderssein verwirklicht. Ästhetische Vollkommenheit ist ihr Ziel, daher betreibt sie lebenslänglich einen Schlankheits- und Fitnesskult, dessen Rechtfertigung sie später in einem der von ihr übersetzten Essays des US-amerikanischen Zivilisationskritikers Prentice Mulford findet: „Der Körper ist ein Gedanke, der in substanzieller Form jenen Geist ausdrückt, der ihn erschuf."[167] In ihrem Roman „ Kegelschnitte Gottes" beschreibt Bertha in der Figur der Sybil, die als ihr Alter Ego gelten kann, wie es ihr gelang, den Körper mit seinen Bedürfnissen zu beherrschen: „(...) auf dem Rücken

liegend den Leib sichelförmig einsaugen und in die Mulde das Gefäß mit den Goldfischen ausgießen. Konnten die Fische dann in dieser Beckenschale, ohne Grund zu berühren, flossenschlagend umher schwimmen, war es in Ordnung und ergab am aufrechten Körper den heißerliebten Kontur. Wenn nicht, änderte sie Nahrung, Bewegung, Atem, bis es wieder ging. Eine Kontrollübung, nichts weiter."[168]

Bertha entzieht sich dem von der Gesellschaft erwarteten Rollenbild. Wie andere „höhere" Töchter im zu Ende gehenden 19. Jahrhundert soll sie heiraten, eine möglichst gute Partie machen. Über die Erwartungen der Eltern, vor allem des Vaters, was ihren zukünftigen Ehemann betrifft, macht sie sich lustig. „Eines Tages müsse ein Goethe, der zugleich Vanderbilt, englischer Herzog und französischer Botschafter, in einem Auto aus den Wolken fallen als sein Schwiegersohn. Die Tochter mochte bis dahin auf Eis liegen oder sonstwie Neutrum sein, wie es für ihn (den Vater) am bequemsten schien."[169]

Wie man ein junges Mädchen als Neutrum heranzüchtet, hat Stefan Zweig in der „Welt von Gestern" treffend beschrieben: „Es wurde also in der vorfreudianischen Zeit die Vereinbarung als Axiom gesetzt, dass ein weibliches Wesen keinerlei körperliches Verlangen habe, solange es nicht vom Manne geweckt werde, was aber selbstverständlich offiziell nur in der Ehe erlaubt war."[170] Mädchen durften keine Triebe haben, das hätte gegen den Begriff „Heiligkeit der Frau" verstoßen. Um die jungen Mädchen zu behüten, ließ man sie nicht einen Augenblick allein. „Sie bekamen eine Gouvernante, die dafür zu sorgen hatte, dass sie gottbewahre nicht einen Schritt unbehütet vor die Haustüre traten, sie wurden zur Schule, zur Tanzstunde, zur Musikstunde gebracht und ebenso abgeholt. Jedes Buch, das sie lasen, wurde kontrolliert." Sie sollten gebildet sein, aber nur in dem Maße, dass sie den Ehemann nicht langweilten, und gleichzeitig sorgte man „ängstlich dafür, dass sie über alle natürlichen Dinge in einer für uns heute unfassbaren Ahnungslosigkeit verblieben".[171] Die Gesellschaft von damals, schreibt Zweig kritisch, wollte das junge Mädchen „töricht und unbelehrt, wohlerzogen und ahnungslos, neugierig und schamhaft, unsicher und unpraktisch, und durch diese lebensfremde Erziehung von vornherein bestimmt, in der Ehe dann willenlos vom Manne geformt und geführt zu werden."[172] Dagegen rebelliert Bertha. Sie ist intelligent, kritisch und eigensinnig und keinesfalls ein Neutrum.

Im Kreis um ihren Bruder Carl, einem renommierten Alpinisten und Geologen, lernt Bertha ihren künftigen Ehemann, den um dreizehn Jahre älteren Friedrich Eckstein, kennen. „Mac Eck", wie ihn seine Freunde im *Café Imperial* nennen, hat den Ruf eines Universalgenies. Er hat Chemie studiert, leitet die ererbte Pergamentpapierfabrik, interessiert sich aber weit mehr für Philosophie, Astronomie, Judaistik, Theosophie, höhere Mathematik und Sanskrit. Mit Sigmund Freud ist er freundschaftlich verbunden. Er befasst sich mit Musik, mit den Kompositionen Hugo Wolfs und Anton Bruckners, dessen Schüler er war. Sein besonderes Interesse gilt jedoch den Grenzwissenschaften und dem Okkultismus. Karl Kraus soll gesagt haben, das Lexikon steige nachts aus dem Regal, um in Eckstein etwas nachzuschlagen. Als Unternehmer interessiert er sich für die soziale Frage ebenso wie seine Schwestern, die sozialdemokratische Politikerin Therese Schlesinger und die Frauenrechtlerin Emma Eckstein. Zu seinem Freundeskreis gehören auch die Frauenrechtlerinnen Marie Lang und Rosa Mayreder. Mit ihnen diskutiert er die Stellung der Frau in der Gesellschaft. Eckstein ist aber kein weltfremder Gelehrter, sondern auch ein begeisterter Alpinist. Bergsteigen wird um die Jahrhundertwende von Fabrikantensöhnen, Künstlern und

Intellektuellen, die über die nötige Freizeit verfügen, als mystische Erfahrung entdeckt. Eckstein betreibt es mit Leidenschaft. Er verabscheut die Vivisektion, den operativen Eingriff an lebenden Organismen und ist strenger Vegetarier. In etlichen Schriften kämpft er gegen die „Gräuel blutbefleckter Nahrung“ und gegen Tierversuche.

Bertha fühlt schon bei der ersten Begegnung eine Art Seelenverwandtschaft. Er offenbart ihr eine Welt des Wissens und gedanklicher Freiheit, indem er mit ihr über das spricht, was ihn bewegt, sie an seinen Interessen teilhaben lässt. 1890 hatte er einen Theosophischen Zirkel gegründet, dem auch der Theosoph Franz Hartmann, Rudolf Steiner, der Gründer der Anthroposophischen Gesellschaft, und Gustav Meyrink, der Dichter des „Übersinnlichen“, angehören. Man trifft sich regelmäßig im idyllisch gelegenen Schlösschen „Belle Vue“ im Wiener Heurigenort Grinzing. Das „Belle Vue“, das es leider nicht mehr gibt, ist auch der Ort, an dem Freud auf die Idee der Traumdeutung kam. Eine Marmortafel mit der Inschrift „Hier enthüllte sich am 24. Juli 1895 dem Dr. Sigmund Freud das Geheimnis des Traumes“ erinnert daran.

All das, was Bertha an Eckstein so fasziniert – sein Weltbürgertum, seine umfassende Bildung, sein Interesse für alles Mystische und Esoterische –, ist für die Eltern Diener abschreckend. Der erfolgreiche Fabrikant kann nicht begreifen, dass Eckstein sich nicht ausreichend für sein Unternehmen interessiert und daher wirtschaftlich wenig aufzuweisen hat. Außerdem hat er sieben jüngere Geschwister zu versorgen und zwei seiner Schwestern sind Frauenrechtlerinnen, wofür Berthas Eltern schon gar kein Verständnis aufbringen können. Und dass Eckstein mit dem dubiosen Dr. Freud Tarock spielt, macht ihn dem Ehepaar nicht sympathischer. Kurz und gut, der Patriarch Carl Diener verbietet seiner Tochter den Kontakt mit dem suspekten Eckstein. Da Bertha noch nicht

volljährig ist – sie ist zweiundzwanzig Jahre alt und volljährig ist man damals erst mit vierundzwanzig Jahren –, bleibt als einzige Möglichkeit der Kommunikation der Briefkontakt. In „Kegelschnitte Gottes“ beschreibt sie die daraus folgende familiäre Auseinandersetzung. Sie „fand ihre Korrespondenz erbrochen; die widerliche Szene folgte. Denn es ist eine indezente Wahrheit, dass die hoffnungslose Eifersucht von Vater zu Tochter, weil körperlich rein, umso gewissenloser mit allen psychischen Begleiterscheinungen der Ausschweifung, als da sind: Gewalt, Arglist, Betrug, Wortbruch, Verrat, in Form von Elternpflicht sich auszutoben sucht. Das jungfräuliche Kind steht nun empört, begreift nicht (...).“[173]
Es kommt zu einem wütenden Streit mit traumatischer Folge: „Zwei Jahre wechselten Vater und Tochter kein Wort. Am Tag ihrer Großjährigkeit ging sie aus dem Haus und ließ sich mit Gabriel Gruner (Friedrich Eckstein) trauen.“[174]

EHEALLTAG UND AMOUR FOU

Bertha Diener heiratet Friedrich Eckstein am 3. April 1898, zwei Wochen nach ihrer Großjährigkeit. Der Bräutigam war noch kurz davor vom mosaischen Glauben zum protestantischen seiner Braut konvertiert. Ein Jahr später, am 21. Mai 1899, kommt Sohn Percy zur Welt. Die Familie bewohnt das St.-Genois-Schlössl in Baden bei Wien (heute ein Restaurant) und führt eine Art Salon. Die junge Ehefrau genießt ihre Rolle als bewunderte Gastgeberin illustrer Gäste, zu denen auch Peter Altenberg, Arthur Schnitzler, Karl Kraus und Adolf Loos zählen. Arthur Schnitzler verwendete das Schlössl als Vorlage für die Villa Hofreiter in dem Stück „Das weite Land“, er übernahm auch den Namen Percy für Hofreiters Sohn.

Für Bertha bedeutet die Ehe anfangs ein Refugium des Geistes. Nun erlebt sie, was sie in ihrem Elternhaus vermisste, nämlich kultivierte Geselligkeit und anregende Diskussionen. Eckstein entdeckt die intellektuellen Fähigkeiten und die schriftstellerische Begabung seiner Ehefrau und fördert sie. Wie eine nach Nahrung Hungernde saugt sie auf, was er ihr bietet. Er führt sie ein in die Philosophie Indiens, in die Mathematik, in die Musik, in die verschiedenen Religionen und in die Theosophie. Voll Begeisterung studiert sie in seiner umfangreichen Bibliothek und findet Quellen, die sie später für ihre Spezialgebiete Archäologie und Kulturgeschichte nutzen kann.
Allmählich aber verliert das am Beginn der Ehe so verlockende Geistesrefugium seinen Reiz. Erste Ermüdungserscheinungen werfen ihre Schatten. Eckstein ist dreizehn Jahre älter als seine Frau, er hat die wichtigsten Länder der Welt bereist, kennt die interessantesten Menschen, hat genug Erfahrungen gesammelt und will sich nun in Ruhe seinen Studien widmen. Aber Bertha ist jung, sie ist hungrig nach Leben und will die Welt nicht nur in den Büchern, sondern auch außerhalb kennenlernen. Obwohl Eckstein kein Patriarch ist, beschleicht Bertha allmählich das Gefühl, aus der Unfreiheit des Elternhauses in die Unfreiheit der Ehe geschlittert zu sein.
„So wie sie einen Vermittler der inneren Reiche gesucht und sich in ihn verliebt hatte, schaute sie jetzt unwillkürlich aus nach einem, der ihr den ‚Sinn der Erde' aufschließen sollte und die Freuden der mondänen Welt (...). Ihr Blick fiel auf den vierunddreißigjährigen Theodor Beer, einen Lebemann mit Skalpell, Doktor der Medizin, Vivisekteur am Fisch-, Vogel- und Reptilien-Auge, Materialisten und Salonliebling, das genaue Gegenteil von Eckstein. Beer war theosophischer Umtriebe völlig unverdächtig – er schüttelte sich vor Ekel bei dem Wort Seele –, besaß einen praktischen Verstand, ein

St.-Genois-Schlössl in Baden bei Wien, Wohnsitz des Ehepaares Eckstein-Diener

rationalistisches Weltbild und einen allerdings ‚dämonisch' erotischen Charme."
So beschreibt Sibylle Mulot-Déri[175] den Mann, der in Bertha eine Amour fou entfacht, die in Verzweiflung enden wird. Bertha hat Beer im Freundeskreis ihres Bruders Carl kennengelernt. Sie ist fünfundzwanzig Jahre alt, ihr Sohn Percy ein Jahr. Der blendend aussehende junge Wissenschaftler mit einer beachtlichen Karriere – er ist mit vierunddreißig Jahren bereits Universitätsprofessor – ist der einzige Sohn schwerreicher Eltern. Er ist ein Salonlöwe, ein Homme à Femmes, dem man zahlreiche Affären nachsagt. Bertha ist bezaubert von seinem jugendlichen Elan, seiner erotischen Ausstrahlung, seiner Weltgewandtheit und von seinen „magnetischen" Augen. Gleichzeitig ist sie angeekelt von Beers leidenschaftlicher Parteinahme für die Vivisektion, die sie ebenso leidenschaftlich ablehnt wie ihr Ehemann. Zwischen Bertha und dem charismatischen Wissenschaftler bahnt sich eine höchst romantische und zugleich zerstörerische

Liebesgeschichte an, ein heiß-kaltes Spiel von Annäherung und Distanzierung.
Theodor Beer überhäuft Bertha mit Briefen und Aufmerksamkeiten, sie antwortet mit gespielter Gleichgültigkeit. Seine Selbstherrlichkeit imponiert ihr und die gekonnt inszenierte Huldigung ihrer Person verwirrt sie. Der elegante Charmeur wirkt anders auf sie als der ruhige, besonnene, sommers wie winters in nüchternes Leinen gekleidete Ehemann. An Eckstein hat ihr die umfassende Bildung imponiert, seine geistige Kapazität. Jetzt aber ist sie von einer elementaren Kraft getroffen, von der physischen Ausstrahlung eines jungen und attraktiven Mannes. Beers Anfrage, ob er ihr seine Veröffentlichung „Die Weltanschauung eines modernen Naturforschers" widmen dürfe, verneint sie, ist aber geschmeichelt. Seine aus vielen Ländern kommenden Briefe werden zu einer Art Droge, „ersehnt" und „perfid" zugleich. Schließlich kommt jener Brief, in dem er sie, die verheiratete Frau, unverblümt bittet, ihn zu heiraten, und ihr gesteht, dass ein Kind von ihr die Krönung seines Lebens wäre. Ab nun ist sie ihm verfallen. Soll sie ihrer Leidenschaft nachgeben und Beers Forderung nach „raschester Scheidung" erfüllen oder soll sie sich ihn aus dem Kopf schlagen?
Bertha zögert, sie fühlt sich immer noch an Eckstein gebunden, auch würde sie im Fall einer Scheidung ihren Sohn Percy verlieren. Der Gedanke daran ist unerträglich, und dennoch fällt sie jede Nacht in eine „Fieberkurve der Sehnsucht".

Es gibt Gerüchte über Beers extravaganten Lebensstil, Warnungen von Freunden vor einem Mann ohne Moral und Gewissen. Dazu passt jene Affäre, mit der er sich über das nach außen hin sittenstrenge Wiener Bürgertum lustig macht. Er stattet seine „Mätresse", eine Hausangestellte, die von ihm ein Kind erwartet, mit einer reichen Mitgift aus und verheiratet sie selbstherrlich mit einem verarmten Adeligen. Die geborene Mathilde Dagmar Zidlicky bewegt sich darauf als Dagmar Edle von Helmburg in der vornehmen Wiener Gesellschaft. Sie bringt Beers Sohn Ralph zur selben Zeit zur Welt, als der Kindesvater die verheiratete Bertha Eckstein-Diener voll Ungeduld umwirbt und sich von ihr ein Kind wünscht.

Dagmar lebt mit Ralph in der Schweiz am Genfer See, wo Theodor Beer ein Grundstück mit einer alten Villa besitzt. Der mit ihm befreundete Architekt Adolf Loos hat den Auftrag, sie zu einer modernen Luxusherberge, zur mondänen „Villa Karma" umzubauen. Bertha weiß nicht, wie sie auf Beers Forderung reagieren soll, sie zögert – und überfordert damit die Geduld ihres Bewerbers. Beer beauftragt Dagmar, Bertha ein Ultimatum zu überbringen: Sie habe drei Wochen Zeit, sich zu entscheiden, andernfalls würde er heiraten – irgendeine Frau. Bertha ist fassungslos. Auf dieses Ultimatum kann und will sie nicht eingehen.

Beer hält Wort und heiratet nach genau drei Wochen die neunzehnjährige Laura Eißler, die junge und schöne Tochter eines reichen Holzhändlers. Das Mädchen ist überdurchschnittlich gebildet und liebt ihren Ehemann mit der ganzen Leidenschaft einer ersten Liebe. Bertha ist enttäuscht und verletzt, ihrem Ehemann fühlt sie sich entfremdet. Sie schlägt ihm eine Trennung vor, was er, der seine Frau liebt, als vorübergehende Verwirrung deutet. Eckstein bittet sie, es wenigstens noch ein Jahr mit ihm zu versuchen, willigt aber doch in eine Trennung auf Probe ein, in der Hoffnung, sie würde zu ihm zurückfinden. Aber Bertha will Freiheit. „Bertha war 30-jährig zum ersten Mal frei. Alles, was sie bisher mit sich hatte anfangen wollen, konnte sie jetzt tun – und sie tat es auch",[176] schreibt ihre Biografin Mulot-Déri.

Zunächst einmal hört sie Vorlesungen bei den renommiertesten Gelehrten Europas, bei dem Philosophen Henri Bergson in Paris, bei dem Physiologen Emil Theodor Kocher in Bern, bei dem Chemiker Jacobus van 't Hoff in Berlin. Bertha hatte den naturwissenschaftlichen und medizinischen Kenntnissen Beers nie Paroli bieten können und will dieses Manko – wenn sie ihm wieder begegnet – wettmachen. Und sie will ihm wieder begegnen. Sie will ihm imponieren, und zwar auf dem Gebiet der Naturwissenschaften, seiner Domäne. Neben ihren Studien wandert sie in den Schweizer Bergen, badet in Gletscherseen, fährt Ski und lernt Skispringen – das „Gleiten über Wächten" ist Bertha Eckstein-Dieners privates Symbol für Freiheit. Friedrich Eckstein muss erkennen, dass seine Ehe gescheitert ist. Er löst den Haushalt in Baden auf und bezieht eine Wohnung in Wien in der Nähe der Theresianischen Akademie, wo Percy zur Schule geht. Er widmet sich fortan seinen Studien und lebt zurückgezogen bis zu seinem Tod 1939.

Bertha, von ihrem Mann getrennt, aber nicht geschieden, zieht durch die Welt. Sie bereist England, Griechenland, Kreta, Ägypten und die Schweiz. Über ihre Reiseeindrücke schreibt sie witzig und pointiert und publiziert sie unter dem Pseudonym „Sir Galahad" in der Zeitschrift *März*, für die auch Autoren wie Thomas Mann, Hermann Hesse, Peter Altenberg, Christian Morgenstern und Gustav Meyrink schreiben.

Sie hat keinen festen Wohnsitz, weilt sie in Wien, wohnt sie im Hotel oder in der Wohnung ihres Bruders Carl in der Berggasse, in der Nähe des Hauses, in dem Sigmund Freud wohnt und ordiniert. In diesen Jahren der Wanderschaft hat sie keinen Kontakt mit Theodor Beer, aber das Feuer, das er entfacht hat, ist nie erloschen. Immer noch kreisen ihre Gedanken um ihn.

„Und es war keine Ruhe. – Über Länder und Meere her rann das Gefälle seiner stechenden Wärme in einer heißen Linie auf sie zu und hetzte ihr Herz."[177] In Griechenland erreicht sie 1909 ein Telegramm, das sie vom Tod ihres Vaters benachrichtigt. Bald danach stirbt auch die Mutter. Bertha ist nun Erbin eines solide angelegten Vermögens und nutzt weiterhin ihre Freiheit.

Artusritter „Sir Galahad" (Gemälde von Dante Gabriel Rossetti)

EIN FOLGENREICHER JUSTIZSKANDAL

Theodor Beer wurde mittlerweile in Wien Opfer eines Skandals, der in der Presse genüsslich ausgeschlachtet und höchst widersprüchlich diskutiert wurde. Der ausgezeichnete und leidenschaftliche Fotograf, der Frauen, Kinder, Jugendliche und die Wiener Prominenz fotografierte, wurde beschuldigt, in seiner Wohnung die halbwüchsigen Söhne zweier Rechtsanwälte bei einem Fototermin unsittlich berührt zu haben. Die mit Beer befreundeten Anwälte hatten sich anfangs entzückt gezeigt, als Beer sich für die Söhne als Modelle interessierte und öfter bei ihnen zu Gast war. Insgeheim hofften sie nämlich, er würde sich auch für eine ihrer heiratsfähigen Töchter interessieren.

Beer aber hatte nicht im Traum daran gedacht, sondern wie erwähnt Laura Eißler geheiratet, nachdem Bertha sein Ultimatum negiert hatte. Anschließend war er mit Laura in seine

Villa am Genfer See entschwunden. Im Nachhinein behaupteten nun die Väter, Beer hätte sich unsittlich verhalten. Nach Erpressungsversuchen, auf die Beer nicht reagierte, erstatteten sie Anzeige. Beer wies jede Schuld von sich, folgte aber fatalerweise dem Rat eines Winkeladvokaten, der ihm die antisemitische Tendenz der Justiz drastisch vor Augen führte, und setzte sich in die USA ab.

„Dr. Beer beging die Dummheit, die Flucht zu ergreifen, und dadurch gewannen die Anschuldigungen, die gegen ihn erhoben wurden, einen Schein von Berechtigung. Uns selbst sind aber seither Mitteilungen über diese Affäre zugekommen, welche ein höchst merkwürdiges Licht auf den Anzeiger werfen und (...) die von ihm verübte Denunziation als einen Racheakt erscheinen lassen", berichtete das *Deutsche Volksblatt*. Mittlerweile war auch Beers Ehefrau Laura Mittelpunkt eines Skandals geworden. Verschleiert hatte sie einen der klagenden Rechtsanwälte mit der Peitsche attackiert und ihm vorgeworfen, gelogen zu haben.

Ein Jahr verbrachte der Angeklagte in den Vereinigten Staaten, dann kehrte er im Sommer 1905 zurück und stellte sich dem Gericht. Eine Schlammschlacht brach los. Der bis jetzt anerkannte Wissenschaftler und Universitätsprofessor stand plötzlich als Lüstling mit homoerotischen Neigungen am Pranger. Eine neiderfüllte Öffentlichkeit machte ihm seinen Reichtum, seinen extravaganten Lebensstil und seine Unabhängigkeit zum Vorwurf. Da aber die Glaubwürdigkeit der beiden Zeugen ziemlich schwach ausfiel, lautete das Urteil nur auf drei Monate Kerker, was zur Folge hatte, dass ihm sein akademischer Grad aberkannt und die Lehrbefugnis an der Universität entzogen wurde. Beer legte sofort Revision ein, stellte eine außerordentlich hohe Kaution und besuchte am Abend mit seiner Frau das „Casino de Paris", was erneut als höchst skandalös gewertet wurde.

Nummer 15.

enge darauf,
nde Respekt
Jahren zu
helm hatte
war dem
der Kaiser
egnen. Der
Frau blieb
Das hat
den beiden

Leopold

uses, Erz-
re in den
flichteifriger
nschaftlicher
n der Vor-
Teilnahme
Gemahlin,
h, aus den
chöpfen zu
hr kräftigen
überwunden

on Freitag
amstag ein
ng gönnte.
herzog legte
erte Ober-
Patient an
nete sofort
n Kranken-
is in der

Das Ende der Affäre Beer: Der
ehemalige Universitätsprofessor

Zeitungsausschnitt über „Das Ende der Affäre Beer"

Als der Revision nicht stattgegeben wurde, musste Beer die Gefängnisstrafe absitzen und galt somit in den Augen der Öffentlichkeit weiterhin als schuldig. Seine Frau Laura jagte sich darauf eine Kugel in den Kopf. Sein Vater war bereits im Jahr zuvor an den Aufregungen gestorben. Beer verbüßte seine Strafe und zog sich dann zu seiner „Mätresse" Dagmar und dem gemeinsamen Sohn Ralph in die Villa am Genfer See zurück.

Bertha, die zutiefst verletzt gewesen war, als sie von Beers überraschender Heirat mit Laura Eißler erfuhr, ist von dem Skandal erschüttert. Von seiner Unschuld ist sie überzeugt. Im Frühjahr 1909 erhält sie eine Einladung, ihn am Genfer See zu besuchen. Diese Einladung überrascht und erregt sie. Wovon sie immer geträumt, was sie sich so oft in Gedanken vorgespielt hatte, ein Wiedersehen mit dem einstigen Anbeter, soll nun stattfinden.
Das erhoffte Wiedersehen wird aber, falls man der Schilderung im Roman „Kegelschnitte" glauben kann, zum Fiasko. Kein Aufleuchten der Leidenschaft in seinen Augen, nur ein kühler, abschätzender Blick. Wie ein Lehrer, der eine Schülerin prüft, überhäuft er sie gleich am ersten Abend mit Fragen, verlangt zu wissen, was sie in den Jahren der Trennung an Bildung und Wissen gewonnen habe. Eine Begegnung zweier Liebender ist das nicht. „Seine stolze Wut nach Probe ihres Wissens, Erfassens, Durchdringens, Beherrschens war ohne Maß. Nichts von Literatur, Kunst, Musik: dem Weiberschwatz. Er presste sie ins Letzte, Ernsteste vor, drehte dann zäh wieder zurück ins Detail, verlangte einen Griff voll Fachwissen hier, einen dort (...)."[178] Beers Verhalten ist seelische Grausamkeit. Er will Bertha demütigen, aber sie kann dem gelehrten Professor Paroli bieten, sie besteht die „Prüfung".
Ist es das, was sie ersehnt hat, als „die Glut dieses Mannes" sie ruhelos durch die Welt ziehen ließ? Sie ist gekränkt und verstört, möchte am liebsten wieder abreisen, aber dann sinken beide einander doch in die Arme und sind ein Liebespaar. Von einer gemeinsamen Zukunft – mit Kindern – ist die

Rede. Bertha ist glücklich. Sie fährt nach Wien und reicht am 29. Juli 1909 die Scheidung ein.
Bis diese rechtskräftig ist, geht das Paar auf Reisen, besucht Paris, Venedig und Rom. Der mondäne Lebensstil Theodor Beers hat Bertha immer fasziniert. Auch sie fühlt das Bedürfnis nach Luxus, Eleganz und Ästhetik, doch Vorlieben dieser Art sind teuer. Von den Zinsen ihres Erbes hätte sie gut leben können, würde sie ihren Geliebten nicht immer wieder mit den teuersten und exquisitesten Toiletten überraschen wollen. Ihr Vermögen schmilzt. Beer kennt Geldsorgen nicht. Er investiert sein Vermögen in den Ausbau seiner Villa in Clarens am Genfer See. Die „Villa Karma" soll ein Luxusdomizil werden mit Schlafräumen und Bädern, einem „Hauptbad" mit Gymnastiksaal, einer großen Halle, mit Wirtschaftsräumen, Dienerwohnungen, Veranden, Loggien, Pergolen, Vestibül und Entree, ausgestattet mit Marmor, Mahagoni, Messing und Glas.

PRIVATE TRAGÖDIE UND LITERARISCHER ERFOLG

Die Ehe zwischen Friedrich und Bertha Eckstein-Diener wird im November 1909 geschieden. Nun könnte Bertha in die Villa Beers ziehen, doch schreibt ihr eine vertragliche Regelung vor, dass sie nur dann ihren Sohn Percy besuchen und einen Teil des Jahres mit ihm verbringen darf, wenn ihr Lebenswandel „einwandfrei" ist. Würde Bertha mit ihrem Liebhaber unverheiratet zusammen leben, hätte sie das Besuchsrecht für ihr Kind verwirkt. Hin und her gerissenen zwischen der Leidenschaft für den Geliebten und der Angst, ihr Kind zu verlieren, durchlebt sie eine Zeit äußerster nervlicher Anspannung. Der junge Oskar Kokoschka, der sie damals porträtiert, ist erschüttert über ihren Zustand. Er malt sie mit vor Schreck geweiteten Augen und einem halb wahnsinnigen Gesichtsausdruck. Das unvollendete Porträt hängt heute im Museum moderner Kunst in Wien.

Bertha lebt in dem festen Glauben, dass die Eheschließung mit Theodor Beer so rasch wie möglich stattfinden würde. Doch sie täuscht sich. Es scheint, dass seine Leidenschaft jetzt, da er die Geliebte erobert hat, erloschen ist. Auch verlangt er, dass sie sich an dem Ausbau seiner Villa finanziell beteiligt, was ihre Mittel übersteigt.

Als Bertha schwanger wird und Beer davon informiert, wird das, was er einst „Krönung seines Lebens" genannt und sie als „Krönung ihrer Liebe" erträumt hatte, zum Anlass ihrer tiefsten Demütigung. Beer präsentiert ihr ein Dokument: „Es war ein Ehekontrakt. Nein, eigentlich ein Scheidungskontrakt. Ihr Vermögen und ihr künftiges Kind verblieben auf alle Fälle ihm, während er das Recht haben sollte, sie jederzeit entschädigungslos auf die Straße zu werfen."[179] Empört verlässt sie ihn und er hält sie nicht zurück.

Ihre Situation ist verzweifelt. Niemand darf von ihrer Schwangerschaft erfahren, denn als Mutter eines unehelichen Kindes hätte sie bewiesen, dass ihr Lebenswandel nicht einwandfrei gewesen war, und die Folge wäre, ihren Sohn Percy zu verlieren. Wie von Sinnen, „menschenscheu, ganz allein, irrte sie von Stadt zu Stadt. Sprach durch Monate kaum ein Wort. Mied Seen, Brücken, Felsen (...)",[180] beschreibt sie im Roman „Kegelschnitte" ihre entsetzliche Lage. In Berlin bringt sie am 20. Dezember 1910 heimlich ihren Sohn Roger zur Welt.

Beer verweigert eine Heirat und Bertha ist in der furchtbaren Situation, sich für einen ihrer Söhne entscheiden zu müssen. Ihre Wahl fällt auf Percy, Roger bleibt bei Pflegeeltern in Berlin. Er wird seine leibliche Mutter erst kennenlernen, als er schon erwachsen ist.

Beer hatte sich diesen Wirrnissen entzogen und war mit Dagmar von Helmburg, geborene Zidlicky, auf Weltreise. 1916 heiratet er sie und adoptiert den gemeinsamen Sohn Ralph. Nach Kriegsende ist er ein gebrochener Mann. Sein Vermögen ist geschmolzen, die Hoffnung auf eine Fortsetzung seiner wissenschaftlichen Laufbahn zunichte. Im September 1919, an dem Tag, an dem die „Villa Karma" versteigert werden soll, setzt er seinem Leben ein Ende.

Bertha Eckstein-Diener lebt um 1910 in München. Zunächst übersetzt sie die esoterischen Schriften des Amerikaners Prentice Mulford, eines Vertreters der „New Thought"-Bewegung, und befindet sich wieder in jener Welt, zu der ihr Friedrich Eckstein Zutritt verschafft hatte. Er hatte in den USA die Schriften Mulfords kennengelernt, die neuplatonische Weisheitslehren mit Zivilisationskritik verbinden und sich mit Alchemie und Buddhismus befassen. Die unter dem Pseudonym „Sir Galahad" publizierten sehr freien Übersetzungen Bertha Eckstein-Dieners „Der Unfug des Sterbens", „Der Unfug des Lebens" und „Das Ende des Unfugs" erzielen enorme Auflagen und sind bis heute im Handel erhältlich. Sie übersetzt auch die mystischen Märchenkommentare Ethan Alla Hitchcocks, die sie ebenfalls durch Eckstein kennengelernt hatte, und publiziert sie unter dem Titel „Das rote Buch von Appin".
1913 erscheint ihr erstes eigenes Buch unter dem Titel „Im Palast des Minos", in dem sie sich mit den Ausgrabungen auf der Insel Kreta befasst und erfrischend unkonventionell über Mode, Architektur und Religion reflektiert. Mit ihrer darin vertretenen höchst anfechtbaren Theorie von „Hoch- oder Niederrassigkeit" der Völker schwimmt sie allerdings mit im Strom der Zeit, in der die krausesten Rassentheorien kursieren. Sie ist auch mit Jörg Lanz von Liebenfels befreundet,

dessen „Ostara-Hefte“ mit den Forderungen nach Sonderrechten und Eheprämien für Blonde und nach Versklavung der „Minderrassigen“ den damals in Wien lebenden Adolf Hitler mit Ideen versorgen.[181] Die Ansichten von der Überlegenheit der nordischen Rasse, die Richard Wagners Schwiegersohn, Houston Stewart Chamberlain, in seinem Buch „Die Grundlagen des 19. Jahrhunderts“ vertritt, haben ebenfalls Spuren in Sir Galahads Werk hinterlassen.
1914 beginnt sie mit der Arbeit an ihrem persönlichsten Buch, dem Roman „Die Kegelschnitte Gottes“. In seinen vier Teilen entspricht er den vier möglichen Kegelschnitten, von denen jedem eine symbolische Bedeutung zukommt. „Der Kreis symbolisiert die Eigenliebe: den Egoismus. Die Ellipse das Ideal der Liebesfreundschaft. Die Parabel das der Liebe gegen das Unendliche, Göttliche. Die Hyperbel das Ideal des bittersten Hasses.“[182]
Im ersten Teil des Buches wird die Geschichte des Knaben Horus Elcho erzählt, der unter den idealen Bedingungen des Matriarchats in Indien aufwächst. Der zweite Teil handelt von den Reisen des Horus und seiner Frau Gari, im dritten Teil wird die Enttäuschung geschildert, die das Paar in Deutschland und in Wien erlebt, als es jene Wissenschaftler kennenlernt, deren Ideen sie in Indien so begeistert hatten. Einzig Sybil, eine junge Frau, scheint wie Horus und Gargi Sehnsucht nach Schönheit und Reinheit, Natürlichkeit und Kunst zu empfinden. Im vierten Teil des Buches erzählt die Autorin ihre eigene Geschichte. Sie erzählt von der Kindheit und Jugend Sybils, in deren Figur sie sich selbst schildert, von Sybils Ehe mit Gabriel Gruner (Friedrich Eckstein) und von Sybils leidenschaftlicher Liebe zu Ralph Herson (Theodor Beer).
Kurt Tucholsky schreibt über den Roman, der ein Riesenerfolg ist, eine begeisterte Rezension. „Ein Asiate kommt

nach Europa. Und sieht es mit seinen gebildeten, unverbildeten Augen (...). Das ist hundertmal gemacht worden. Aber nie mit so viel erhabener und erhebender Ehrfurcht, mit so viel Liebe und mit so viel Hass."[183]

„MÜTTER UND AMAZONEN"

Als sich Ende 1918 in München der Nationalsozialismus zu formieren beginnt und politische Exzesse an der Tagesordnung sind, zieht sich Bertha in die Schweiz zurück und wählt als Wohnsitz Montreux am Genfer See. 1925 erscheint ihre Polemik „Idiotenführer durch die russische Literatur", eine Persiflage auf Dostojewskis und Tolstois Helden und eine Verunglimpfung des russischen Volkes. Sie propagiert eine Herrschaft der Elite im Gegensatz zur Demokratie, die sie als Herrschaft des Pöbels interpretiert. Von dieser Ansicht distanziert sie sich allerdings nach dem Ende des Zweiten Weltkriegs. Für ihr nächstes Buch, ihr Hauptwerk „Mütter und Amazonen", betreibt sie intensives Quellenstudium und unternimmt viele Reisen. Mit ihrem erstgeborenen Sohn Percy, der in der Obhut seines Vaters aufgewachsen ist, pflegt sie in all den Jahren Kontakt. Er ist Übersetzer, Schriftsteller und Gründer einer literarischen Agentur, die auch Werke Sir Galahads vertritt. Hitlers Griff nach Österreich 1938 wird ihn wie so viele Intellektuelle Österreichs in die Emigration treiben.

„Mütter und Amazonen" beginnt mit dem Axiom: „Am Anfang war die Frau. Der Mann erscheint erstmalig in Sohnesgestalt, als das biologisch Jüngere und Spätere (...). Somit hat die Frau den Mann erschaffen, nicht umgekehrt. ‚Sie ist das Gegebene, Er das Gewordene, Sie die Ursache, Er die Wirkung.' (...)"[184]

Die Anregungen zu dieser ersten weiblichen Kulturgeschichte stammen von Karl Wolfskehl, mit dem sie während ihres Münchener Aufenthalts bekannt wurde. Er verwies sie auf das Werk „Das Mutterrecht" des Schweizer Schriftstellers und Anthropologen Johann Jakob Bachofen, des Begründers moderner matriarchalischer Theorien. Bachofen stützte sich im Wesentlichen auf die Deutung antiker Dichtungen und Mythen, die ihm wie auch Eckstein-Diener als zulässige Geschichtsquellen galten. „Mütter und Amazonen" wird in einer Zeit, in der die frauenfeindlichen Thesen eines Otto Weininger, eines Friedrich Nietzsche oder eines Karl Kraus kursieren, als Provokation empfunden. Eckstein-Diener will diesem propagierten Weltbild, das sie als Entstellung betrachtet, das Bewusstsein „genügend reiner Frauenreiche mit ihren matriarchalischen Grundgesetzen" als Kompensation gegenüberstellen.

Im Dezember 1936 erreicht Bertha ein Brief, der schlagartig die Erinnerung an ihre Vergangenheit weckt. Absender ist der bei Pflegeeltern in Berlin aufgewachsene Sohn Roger, der heiraten will und den von den Nationalsozialisten verlangten „Ariernachweis" braucht. Sie schickt sofort eine Erklärung, in der sie den Namen von Rogers Vater verschweigt, jedoch eidesstattlich versichert, dass dieser „arisch" gewesen sei, und rettet dadurch ihren Sohn vor Verfolgung. Roger ist freudig überrascht, als er erfährt, dass seine Mutter die von ihm verehrte Schriftstellerin Sir Galahad ist. Es folgt ein Briefwechsel und schließlich auch eine persönliche Begegnung, bei der Mutter und Sohn einander sympathisch finden.
1936 erscheint Sir Galahads Buch „Byzanz. Von Kaisern, Engeln und Eunuchen", in dessen Mittelpunkt die unkonventionelle Kaiserin Theodora steht. 1938 kommt „Bohemud.

Ein Kreuzfahrer-Roman" auf den Markt, 1940 erscheint unter dem Pseudonym Helen Diner das Buch „Seide. Eine kleine Kulturgeschichte", für das Eckstein-Diener ein Stipendium der „Reichsschrifttumskammer" erhalten hatte. Sie war dieser NS-Organisation beigetreten, um die Überweisung ihrer Honorare aus Deutschland in die Schweiz sicherzustellen. Es wäre aber falsch, daraus zu schließen, dass sie Nationalsozialistin gewesen wäre. Sie war, wie ihre Biografin Mulot-Déri schreibt, „weder Nationalsozialistin noch Antifaschistin. Sie war kein in erster Linie politischer Mensch".[185]
1943 erscheint „Der glückliche Hügel. Ein Richard-Wagner-Roman".
Im Sommer 1947 will sie ihren schon lange gehegten Plan, nach Rom zu ihrem Sohn Percy zu ziehen, der sich dort eine Existenz aufgebaut hatte, verwirklichen. Sie wünscht sich auch ein Zusammentreffen beider Söhne. Es kommt nicht dazu. Ein Sturz hat eine Operation zur Folge, die sie nur wenige Wochen überlebt. Bertha Eckstein-Diener, alias Sir Galahad, stirbt am 20. Februar 1948 in Genf.

Helene von Druskowitz

DIE ABNORME PHILOSOPHIN

1856–1918

„Der Mann als logische und sittliche Unmöglichkeit und als Fluch der Welt.“ So lautet die Überschrift eines Kapitels des 1905 erschienenen Buches „Pessimistische Kardinalsätze. Ein Vademecum für die freiesten Geister“ von Helene von Druskowitz. Ist diese Überschrift eine Provokation oder doch der Beweis für den Wahnsinn der Verfasserin? Denn Helene von Druskowitz befindet sich damals bereits seit vierzehn Jahren in der Landes-Heil- und Pflegeanstalt Mauer-Öhling und wird dort noch dreizehn Jahre – bis zu ihrem Tod – bleiben.
Helene von Druskowitz, Philosophin, Literaturwissenschaftlerin und Schriftstellerin, schien als Glückskind geboren zu sein, ein weibliches Wunderkind. In dem 1889 erschienenen Zweipersonenstück „Unerwartet“, ein „dramatischer Scherz“, wird die mit autobiografischen Zügen der Verfasserin gestaltete Figur der Dichterin Sidonie von Falkenberg von ihrer Tante Amalie so angesprochen:
„Seit deiner Kindheit warst du ein Gegenstand der Auszeichnung und der Stolz deiner seligen Eltern. Du warst noch ein

ganz kleines Püppchen, als es keinen Berg noch Fluss mehr gab, der nicht zugleich in deinem schwarzgelockten Haupte existiert hätte. Sämtliche Helden und Heldinnen der Geschichte lebten in demselben fort, Schlachten tobten weiter und zugleich warst du souveräne Kennerin des Tier-, Pflanzen- und Mineralreiches. Alle nannten dich Wunderkind."[186] Der Bezeichnung Wunderkind mag man zustimmen, zieht man den für diese Zeit außergewöhnlichen Bildungsweg und die Leistungen Helene von Druskowitz' auf dem Gebiet der Literatur und der Philosophie in Betracht, aber ein Glückskind, das sie vielleicht aufgrund ihrer Herkunft hätte werden können, war sie keineswegs.

STUDIUM IN ZÜRICH UND ERSTE VERÖFFENTLICHUNGEN

Helene von Druskowitz kommt am 2. Mai 1856 in Hietzing – damals ein Vorort von Wien – zur Welt. Der Vater stirbt früh, die Mutter, eine geborene von Biba, ist Pianistin. Nach ihrer zweiten Heirat führt sie den Nachnamen Gerstner. Helene hat zwei ältere Brüder und einen jüngeren Halbbruder aus der zweiten Ehe der Mutter. Nicht nur die Söhne erhalten eine Ausbildung, sondern auch die begabte Tochter, was für die damalige Zeit, in der Mädchenbildung hauptsächlich im Hinblick auf eine zukünftige Eheschließung stattfindet, ein Ausnahmefall ist. Helene studiert am Wiener Konservatorium Klavier und legt in diesem Fach die Reifeprüfung ab, als externe Schülerin am Piaristengymnasium besteht sie 1874 auch die Matura. Da ein Studium in Wien nicht möglich ist – Frauen dürfen erst 1897 an der Philosophischen Fakultät inskribieren –, zieht Helene mit ihrer Mutter nach Zürich, wo Frauen seit 1863 Zugang zur Universität haben. Sie belegt die Fächer Philosophie, klassische Philologie, Archäologie, Orientalistik

und Germanistik sowie moderne Sprachen. 1878 schließt sie ihr Studium mit der Arbeit „Über Lord Byrons ‚Don Juan'. Eine literarisch-ästhetische Abhandlung" ab, die mündliche Prüfung besteht sie mit „magna cum laude". Als Doktor der Philosophie – sie selbst nennt sich Doktorin – ist sie die erste Österreicherin und die zweite Frau überhaupt mit abgeschlossenem geisteswissenschaftlichem Studium.
Die junge Akademikerin hält literaturwissenschaftliche Vorlesungen an verschiedenen Universitäten in Wien, München, Zürich und Basel. Doch die angestrebte wissenschaftliche Karriere findet nicht statt. Anschließend unternimmt Helene von Druskowitz ausgedehnte Reisen nach Nordafrika, Frankreich, Italien und Spanien.
Wieder in Wien, lernt sie 1881 die Schriftstellerin Marie von Ebner-Eschenbach kennen und durch sie die Lyrikerin und Journalistin Betty Paoli und deren Freundin und Gönnerin Ida Fleischl von Marxow. Die in der Gesellschaft etablierten und im Literaturbetrieb anerkannten Damen öffnen ihr den Zugang zu den Salons und literarischen Zirkeln Wiens. Der Schriftstellerin Louise von François verdankt sie den Kontakt zum Schweizer Autor Conrad Ferdinand Meyer, einem der wichtigsten Vertreter deutscher Dichtung in der Schweiz. Der intensive Briefwechsel Meyers mit Louise von François bildet die Hauptgrundlage der Biografie der Helene von Druskowitz, da sonst kaum Dokumente und Zeugnisse existieren. Meyer ist anfangs durchaus angetan von der jungen Autorin. In einem Brief an Louise von François schreibt er mit herablassender Sympathie: „Das Fräulein gefiel mir mit seinen feinen breiten Schläfen, sie hat etwas Türkisches (oder Serbisches) und daneben – sehr untürkisch – kann sie die modernen philosophischen Siebensachen an den Fingern herzählen. Ich halte sie für sehr brav und wenn ich ihr auf einer steilen Bahn irgendwo eine Hand reichen kann, bin ich gerne erbötig."[187]

Das Trauerspiel „Sultan und Prinz", das erste literarische Werk der Helene von Druskowitz, erscheint 1881 unter dem Pseudonym E. v. René. Es ist eines von vielen Pseudonymen – männlichen und weiblichen –, welche die Verfassserin immer wieder verwendet, ebenso solche, die ihr Geschlecht im Dunkeln lassen. Zu diesem Zweck kürzt sie ihren Vornamen mit „H." ab.
Die Autorin Hinrike Gronewold nennt in ihrem Essay „Die geistige Amazone", der sich mit Helene von Druskowitz auseinandersetzt, folgende Pseudonyme: Adalbert Brunn, H. Foreign, E. René, Ventravin, H. Sakkorausch, H. Sakrosankt, von Calagis sowie Erna. Gronewold sieht darin weniger den Versuch der Verschleierung der tatsächlichen Identität als „eine sprachliche Spielerei, mit der sie (die Autorin) ihre Identität den verschiedenen literarischen Genres, in denen sie sich betätigte, anzupassen versuchte".[188]
Das im Orient spielende Drama über Verrat und Liebe wird ebensowenig aufgeführt wie die späteren Lustspiele der Druskowitz. Auch ihre Freundinnen Ebner-Eschenbach und François stehen dem Stück kritisch gegenüber. François findet das Thema, die Leidenschaft eines Schwiegersohns für seine Schwiegermutter, geschmacklos und außerdem für die Feder einer Frau ungehörig. Es scheint, dass beide, sowohl Ebner-Eschenbach wie auch François, wenig Verständnis für die selbstbewusste junge Frau aufbringen können, die sich unbeirrt ihrer Laufbahn als Wissenschaftlerin und Literatin widmet und sich in den Kopf gesetzt hat, vom Schreiben – sei es von Rezensionen, literarischen Arbeiten oder eigenen Schöpfungen – zu leben. Auch dass Druskowitz bekennende Atheistin ist und sich mehr für Frauen als für Männer interessiert, dürfte nicht dem Rollenverständnis der beiden Damen entsprochen haben.
Die Aristokratin Ebner-Eschenbach bemerkt, dass Druskowitz' Kleidung und Aussehen den traurigen Eindruck äußerster Einschränkung hinterlassen und attestiert ihr,

„zu stolz zu sein, um sich ein wenig helfen zu lassen". Befremdet äußert sich François über die nicht angepasste Intellektuelle, die sich weigert, der traditionellen Frauenrolle zu entsprechen. An Conrad Ferdinand Meyer schreibt sie, dass Helene „das gewisse Anstudierte und allzu entschiedene Entschiedenheiten auszumerzen habe, ohne der Wahrheit Abbruch zu tun, und dass man auch unter weiblichen Formen ein tüchtiger Mensch sein und allenfalls auch etwas Gründliches lernen könne".[189] Ihrer Ansicht nach würde ein Ehemann dem „Fräulein Doktor" nur guttun. Ein „tüchtiger kluger Mann, ich meine ein Ehemann, würde dem von Natur fröhlichen Herzen rasch eine gedeihlichere (Natur) eintreiben".[190] Sie wirft der Freundin ein „stark aristokratisches Gepräge" vor und bemängelt, dass die Druskowitz mit ihrem hochtrabenden Geist zu stolz sei, einem bescheidenen Erwerb, etwa dem einer Lehrerin, nachzugehen, und dass sie sich „absichtlich ungraziös Männern gegenüber verhalte, um diese von sich fernzuhalten".[191]

PHILOSOPHIN UND FRAUENRECHTLERIN

Helene von Druskowitz erkennt, dass sie als Dramatikerin nicht reüssiert, und wendet sich zunächst wieder der Literaturwissenschaft zu. 1883 erscheint ihre Biografie des englischen Autors Percy Bysshe Shelley und im Jahr darauf die Publikation „Drei englische Dichterinnen" mit Essays über die Dramatikerin Joanna Baillie, die Lyrikerin Elizabeth Browning und die Erzählerin George Eliot. In diesen Aufsätzen zeigt sich bereits ihre Fähigkeit, wissenschaftliche Themen gründlich zu bearbeiten und gleichzeitig stilistisch brillant zu präsentieren. Louise von François befürchtet allerdings einen Misserfolg für den „jungen Blaustrumpf, (...)

(der) sich ziemlich wagehalsig auf die steile und staubige Straße der Literarhistorie lancierte."[192] Conrad Ferdinand Meyer hingegen veröffentlicht eine positive Rezension im *Magazin für die Literatur des In- und Auslandes*.

1884 findet Druskowitz Anschluss an den Kreis um die deutsche Schriftstellerin Malwida von Meysenbug, der mütterlichen Gönnerin Friedrich Nietzsches, dem auch Rainer Maria Rilke, Meta von Salis, Paul Rée und Lou Andreas-Salomé angehören. Mit Nietzsche, der damals von Krankheiten und Geldsorgen geplagt ist und immer nach klimatisch für ihn geeigneten Aufenthalten sucht, tritt Druskowitz in näheren Kontakt. Wahrscheinlich durch die persönliche Bekanntschaft mit dem damals noch wenig beachteten Philosophen angeregt, beschäftigt sie sich ab 1886 vorwiegend mit philosophischen Themen.

Nietzsche schwärmt von ihr geradezu und hofft, in ihr eine Jüngerin zu finden, eine Hoffnung, die ihn zuvor schon bei Lou Andreas-Salomé beseelt hatte. Er schreibt am 22. Oktober 1884 über die „neue Freundin" an seine Schwester Elisabeth, Helene „hat sich von allen mir bekannt gewordenen Frauenzimmern bei weitem am ernstesten mit meinen Büchern abgegeben, und nicht umsonst (...). Ich meine, es ist ein edles und rechtschaffenes Geschöpf, welches meiner Philosophie keinen Schaden tut".[193]

Auch die „neue Freundin" ist anfangs von dem Philosophen begeistert und meint, das Buch „Also sprach Zarathustra" gehöre „in die Reihe der ‚heiligen Bücher' der Vedas, des alten Testaments u.s.w".

Doch die Begeisterung der Druskowitz währt nicht lange. Nietzsches frauenfeindlichen Thesen, wie er sie zum Beispiel in „Jenseits von Gut und Böse, Vorspiel einer Philosophie der Zukunft" formuliert, mit der Quintessenz: „Ein Mann, der Tiefe hat (...), muss das Weib als Besitz, als verschließbares Eigentum, als etwas zur Dienstbarkeit Vorherbestimmtes auffassen", empören sie und machen sie zu seiner schärfsten Kritikerin. Ihr Resümee: „Meine Begeisterung für Nietzsches Philosophie hat sich nur als eine passion du moment, als ein armseliges Strohfeuer erwiesen. Nietzsches Propheten-Miene kommt mir nun recht lächerlich vor."[194]

Vom Freund zum Feindbild: Friedrich Nietzsche, 1882

Die überzeugte Atheistin war sich bewusst, dass der Verlust des Glaubens, wie Nietzsche ihn in „Zarathustra" propagiert, eine Leere hinterlässt. In „Moderne Versuche eines Religionsersatzes" von 1886 beschäftigt sie sich mit dieser Frage, für die es, wie sie bedauernd feststellt, nur wenig Interesse gibt, und das will sie ändern. Gleichzeitig spricht sie darin Nietzsche jegliche philosophische Qualifikation ab. Sie stilisiert sich teilweise zu einer „Gegenzarathustra" und imitiert dabei Nietzsches Stil, was diesen so erzürnt, dass er in einem Brief an Carl Spitteler, der Nietzsches Werk in der Schweizer Presse rezensiert hat, schreibt: „Die kleine Literaturgans Druscowicz ist alles andere als meine ‚Schülerin'."[195]

Der Essay „Moderne Versuche eines Religionsersatzes" erscheint ein Jahr später in zweiter Auflage unter dem geänderten Titel „Zur neuen Lehre" und zwei Jahre später überarbeitet und erweitert unter dem Titel „Zur Begründung einer überreligiösen Weltanschauung". In der 1887 veröffentlichten Schrift „Wie ist Verantwortung und Zurechnung ohne Annahme der Willensfreiheit möglich" setzt sich die Philosophin auch mit Kant, Schopenhauer, Feuerbach und Herbert Spencer auseinander. Schließlich wendet sie sich dem Philosophen Eugen Dühring zu, dessen Ideen einer freien Gesellschaft sie beeindrucken. Auch stimmt sie seiner Kritik an der Ehe zu. Laut Dühring seien nicht Religionskriege, nicht Klassenkämpfe, nicht die Knechtung einer Kaste durch die andere, sondern die Knechtung der Frauen in der Zwangsehe die schrecklichste Erscheinung in der Geschichte der menschlichen Entwicklung. Von Dührings radikalem Antisemitismus distanziert sie sich aber entschieden.

In ihrer Publikation „Eugen Dühring. Eine Studie zu seiner Würdigung" rechnet Druskowitz mit Nietzsche ab:

„Wir erinnern die Leser seiner letzten Schriften, mit welch unbeschreiblicher Verachtung er, und er tut es unzählige Male, von jenen spricht, die das Unglück haben, pöbelhaft zu sein, und welch abgöttische Verehrung er mit den ‚Vornehmen' treibt (...) einer der glänzendsten Stilisten und geistvollsten Köpfe unserer Zeit, täuscht er sich und die Welt über die gleichwohl bestehende Insuffizienz seines Wesens und den Mangel an selbstständigen Gedanken, es wären denn solche, die jeder Haltbarkeit und Berechtigung entbehren. So ist er nach jahrzehntelangem Umhertasten zu Resultaten gelangt, die mit Leichtigkeit ad absurdum geführt werden können und geradezu als ungeheuerlich bezeichnet werden müssen, wie zum Beispiel die Behauptung, dass die fortschreitende ‚Moralisierung' der Menschheit den Untergang des höheren menschlichen Typus bedeute, eine Anschauung, die eben in einer grundfalschen Auffassung des Humanitätsideals wurzelt."[196]

Darauf weiß Conrad Ferdinand Meyer nur die herabsetzende und der Autorin eine sexuelle Frustration unterstellende Antwort: Sie sollte „einmal aufhören, den Prof. Nietzsche öffentlich zu züchtigen, ihm die Rute zu geben. Man wird sagen, sie hätte ihn gern geheiratet."[197]

1888 stirbt Helenes Mutter mit sechzig Jahren an einem Lungenleiden. Mit ihr verliert sie ihre wichtigste Bezugsperson. Bereits 1884 war ihr ältester Bruder gestorben, von ihrem jüngeren Bruder, der sich in Südamerika aufhält, hat sie keine Nachricht. Zu diesen Verlusten kommen noch finanzielle Schwierigkeiten, die sie mit dem Veröffentlichen von Lustspielen zu überwinden hofft. 1890 schickt Helene von Druskowitz ihre Lustspiele „Die Emancipations-Schwärmerin", „Er dozirt!", „Einsamkeit – das einzige Glück", „Unerwartet", „Die Pädagogin" und „International" an Conrad Ferdinand Meyer. In diesen Stücken thematisiert sie mit scharfem Witz den Gelehrtenbetrieb um die Jahrhundertwende. In „Die Emancipations-Schwärmerin", zunächst unter dem Titel „Aspasia" erschienen, nimmt sie die Eitelkeit und Unfähigkeit „höchst geehrter und geschätzter Universitätsprofessoren", die die Macht der Männerwelt repräsentieren, aufs Korn. Ebenso aber auch den in der Figur der Aspasia verkörperten Frauentypus, der nur aus „Emancipationsgründen" an der Universität studiert und mit konfusen Reden über die Frauenfrage die Aufmerksamkeit der Männer erregen will. Die positive Heldin der Komödie, die Medizinstudentin Dora Hellmuth, das Alter Ego der Verfasserin, widerspricht der Auffassung, dass über die Frauenfrage nie genug gesprochen werden könne:
„Jede, die Talent für ein bestimmtes Gebiet besitzt, suche es zu betätigen, denn nur dadurch, dass die Einzelne Talent zeigt, kann die Meinung von der Befähigung der Frauen im allgemeinen eine höhere werden (...). Lassen Sie einer Ärztin eine schwierige Operation, die Diagnose und Beseitigung einer komplizierten Krankheit gelingen, und sie wird die Frauenfrage weit mehr fördern, als es hundert öffentliche Reden zugunsten unseres Geschlechts tun werden."[198]
Die zeitgenössischen Kommentare zu diesen Stücken sind verhalten. Das bürgerliche Publikum, das sich noch kaum

für die Frauenfrage interessiert, findet an der Bloßstellung von Vertretern der Wissenschaft wenig Gefallen. Auch der Ausspruch in „Unerwartet", „Die Ehe ist keine Institution für begabte Frauen", der Helene von Druskowitz' Überzeugung entspricht, dürfte wenig Anklang gefunden haben.

Wohlwollende Kritik, allerdings mit Einschränkungen, kommt von Conrad Ferdinand Meyer. Am 24. Oktober 1890 schreibt er an Louise von François:

„Unsere Freundin D. hat mir ihre kleinen Lustspiele geschickt und wahrheitsgemäß musste ich ihr antworten, dass ich sie für das Charakterspiel begabt halte. Sie besitzt alle Eigenschaften, auch die komische Grausamkeit. Ob aber eine Frau alle komischen Mittel anwenden darf, fragt sich. Immerhin ein merkwürdiges Mädchen."[199]

Mit dieser Stellungnahme stellt Meyer die Berechtigung einer Frau, Missstände durch satirische Übertreibung zu entlarven, infrage. Dürfen Frauen nur in einem bestimmten, ihnen zugewiesenen Bereich schreiben? Die Adressatin kann Meyers positiver Einschätzung nicht zustimmen. Als Antwort schreibt sie:

„(...) ist es mir, unter uns gesagt, leider nicht möglich, mit Ihrem Lob, Verehrter, übereinzustimmen. Wissen ist ja nicht Können. Ich finde sie auch für dieses schriftstellerische Genre nicht hinlänglich begabt (...)".[200]

PSYCHISCHER ZUSAMMENBRUCH

1891 dürfte die Liebesbeziehung Helene von Druskowitz' mit der Opernsängerin Therese Malten, einem umjubelten Star der Dresdner Staatsoper, ein Ende gefunden haben. Vielleicht, weil die Sängerin ihre Karriere nicht durch das Bekenntnis zu ihrer Lebensgefährtin gefährden wollte. Die unglückliche Liebesgeschichte, der Tod der Mutter und finanzielle Sorgen verstärken eine psychische Krise, verschärft durch Alkoholabhängigkeit. Es gibt Hinweise, dass sich Druskowitz bereits 1889 in Berlin wegen eines „Nervenleidens“ in ärztliche Behandlung begeben hatte. Zwei Jahre später, am 15. April 1891, wird sie in das Dresdner Irren- und Siechenhaus zwangseingeliefert. Im Protokoll der Einlieferung wird festgehalten, dass Helene von Druskowitz unter Wahnvorstellungen und Halluzinationen leide. Am 15. Juni wird sie in die niederösterreichische Landes-Irrenanstalt Ybbs an der Donau, später in die Landes-Irrenanstalt Mauer-Öhling überstellt, in den folgenden Jahren wird man sie zwischen den beiden Anstalten hin und her schieben. War Helene von Druskowitz wahnsinnig? Was ist Wahnsinn?

Bis zum Ende des 19. Jahrhunderts wurden bestimmte Verhaltens- oder Denkmuster als „Wahnsinn“ oder „Verrücktheit“ bezeichnet, die nicht der akzeptierten sozialen Norm entsprachen. Normverhalten ist aber stets abhängig von Region, Zeit und sozialen Gegebenheiten, von subjektiven Vorstellungen. Jedes beliebige Verhalten kann wahnsinnig genannt werden, je nach dem sozialen Kontext, den Wertvorstellungen und den Machtbeziehungen zwischen der beurteilenden und der beurteilten Person. Das gilt auch innerhalb der Ärzteschaft, schreibt die australischen Soziologin Jill Julius Matthews. Das Urteil jedes Arztes und jeder Ärztin ist abhängig von Geschlecht, Alter und Schichtzugehörigkeit. „Insofern das Urteil sich allein am Verhalten orientiert, ist es unweigerlich ein Urteil darüber, wie die Verhältnisse sein sollten.“[201] Und sie führt weiter aus: „Die weibliche Erfahrung der Unterordnung, der Unterdrückung, der Ungleichheit zwischen den Geschlechtern wird als natürlich und normal definiert, und jeder Ausdruck von Widerstand wird individualisiert und gilt als pathologisch.“[202]

Mauer-Öhling, 1902 eröffnet, galt als modernste Anstalt Europas.

Helene von Druskowitz war als Intellektuelle und Lesbierin eine gesellschaftliche Außenseiterin, sie lebte außerhalb der Norm, rauchte und trank. Sie hat sich selbst als „abnorm" bezeichnet und damit „genial" gemeint. Ihrer Einzigartigkeit, die sich nicht in eine Norm pressen ließ, war sie sich stets bewusst. Als sie in die Irrenanstalt eingeliefert wird, leidet sie an Halluzinationen und wird entmündigt. Da Freunde und ihr Bruder die Internierung finanzieren, gesteht ihr die Anstalt einen größeren Freiraum als üblich zu. Sie lebt in einem Einzelzimmer, kann ihre literarischen und philosophischen Arbeiten fortsetzen und mit Verlagen Kontakt halten. Sie abonniert Zeitungen und ist Mitglied von spiritistischen Vereinigungen in Köln und Chicago. Persönliche finanzielle Zuwendungen weist sie zurück. Sie ist bestrebt, Würde auch in diesem Umfeld zu wahren, und erzwingt die Anrede „Fürstin" oder „Hoheit".

Trotz ihrer in der Krankengeschichte immer wieder hervorgehobenen Bildung und Intelligenz und der Bestätigung, stets zeitlich und örtlich orientiert zu sein, gilt sie als unheilbar geisteskrank. Die Diagnose lautet „Verrücktheit", später „Paranoia", als Medikation bekommt sie „Hypnotica". In ihrer Krankengeschichte vom 5. September 1904 ist zu lesen: „Beschäftigt sich vorwiegend ‚literarisch' – verfasst in unleserlicher Schrift meist konfuse androphobe Aufsätze, die indes trotzdem wegen ihres wütenden Tones von manchen frauenrechtlerischen Zeitschriften abgedruckt werden."[203] Ein Jahr später, am 1. September 1905, heißt es: „Verfasst Gedichte zum Lobe des Alkohols, schreibt unleserlich androphobe Satiren an die Frauenzeitungen, fühlt sich auf der Höhe ihres literarischen Schaffens (...)."[204]

1905 ist das Jahr, in dem unter dem Namen „Erna" die radikal feministische Schrift „Pessimistische Kardinalsätze. Ein Vademecum für die freiesten Geister" erscheint. Im 1. Kapitel „Kein Gott im gemeinen Sinne" macht Druskowitz Gott, einen „bösen Struwwelpeter", der „millionenfach die Hölle und ihre Qualen verdienen würde",[205] für die Benachteiligung der Frau verantwortlich: „Das Gesamtbild von Gott ist ein erbärmliches männliches Machwerk, voll von Schädlichkeit, insbesondere für die Frauenwelt, deren Entwicklung dasselbe stets ungemein gehemmt hat."[206] Im 4. Kapitel, „Der Mann als logische und sittliche Unmöglichkeit und als Fluch der Welt", begründet sie in quasi logischen Behauptungssätzen die in der Kapitelüberschrift proklamierte These. In der satirischen Überspitztheit gibt sie Antwort auf die frauenfeindlichen Sätze vor allem in Schopenhauers Essay „Über die Weiber". An die Frauen sendet sie die Botschaft: „Der Feminismus muss mit Feuer und Glanz ausgestattet werden. Er ist das heiligste Ideal der modernen Zeit."[207] Es folgen das Kapitel „Männertafel" mit den „Normalsätzen für das männliche Geschlecht" und das Kapitel „Frauentafel" mit den „Maximen für die Frauen", einem leidenschaftlichen Aufruf an die Frauen zum Kampf gegen die männliche Welt.

Am 31. Mai 1918 stirbt Helene von Druskowitz im Alter von 62 Jahren in Mauer-Öhling. Der Helene-Druskowitz-Park im 13. Wiener Gemeindebezirk und eine Gedenktafel erinnern an die Philosophin, deren Werk und Persönlichkeit in ihrer Originalität und Unangepasstheit sowohl als „abnorm" wie auch in gleicher Weise als „genial" bezeichnet werden können.

Gabriele Possanner von Ehrenthal

DIE UNBEIRRBARE PIONIERIN

1860–1940

Am 5. April 1897 konnte man in der *Wiener Sonn- und Montagszeitung* lesen:
„Der erste weibliche Arzt hat vor wenigen Tagen an der Wiener Universität den Doktorhut erhalten. Das ist ein hochbedeutsames Ereignis, das der Promotor Prof. Exner mit zündenden Worten feierte. Man mag über diese Frage denken, wie man will, so viel wird jeder vorurteilslose Denker zugestehen müssen, dass durch Erweiterung des geistigen Gesichtskreises der Frauen auch das gesamte Volk auf ein höheres intellektuelles Niveau emporgehoben wird. Da nun Frauen an Intelligenz und Willenskraft den Männern nicht nachstehen, so ist nicht einzusehen, weshalb den Frauen höhere Berufskreise verschlossen bleiben sollen (...). Jahr für Jahr sind Opfer zu beklagen, die nur darum zugrunde gingen, weil sie aus Schamgefühl bei männlichen Ärzten keine Hilfe suchen wollten und bei Frauen sie nicht finden konnten, weil es bei uns bisher keine weiblichen Ärzte gab. Wir wünschen daher, dass Frl. Dr. v. Possanner bald genügend weibliche Konkurrenz erhalten möge."[208]

Fräulein Dr. Possanner von Ehrenthal wurde zum ersten weiblichen Arzt an der Wiener Universität promoviert.

Die Promotionsmeldung in der „Arbeiterinnen-Zeitung" (1897)

Auch die *Arbeiterinnen-Zeitung* würdigt das außergewöhnliche Ereignis:
„Der erste weibliche Doktor promoviert. Ein bedeutsames und allen denkenden Frauen erfreuliches Ereignis hat sich vollzogen. Der erste weibliche Doktor der gesamten Heilkunde wurde am 2. April an der Wiener Universität feierlich promoviert. Baronin Gabriele Possanner v. Ehrenthal ist der erste weibliche Arzt in Wien (...). Baronin Possanner musste sich in Zürich den Doktorhut erwerben und ehe er in Wien anerkannt wurde, musste sie hier noch einmal alle Rigorosen der Wiener Universität wiederholen. Sie als Weib hatte doppelte Prüfungen zu bestehen und sie hat sie glänzend bestanden."[209]
Berichte über Possanners Promotion gab es auch in der *Neuen Freien Presse,* im *Neuen Wiener Abendblatt* und im *Pester Lloyd.* Die Zeremonie hatte großes Interesse erregt und ein zahlreiches Publikum angelockt. Die meisten der Anwesenden honorierten Possanners Leistung mit großem Beifall, eine Minderheit aber äußerte ihr Missfallen durch Zischen. Mit Recht sah man in der Promotion einen Präzedenzfall, an den manche der Anwesenden Hoffnungen knüpften, andere hingegen weibliche Konkurrenz auf einem bisher von Männern beherrschten Gebiet fürchteten. Bis zu dem „allen denkenden Frauen erfreulichen Ereignis" ihrer Promotion hatte Gabriele Possanner einen langen Weg zurückzulegen, den steinigen und mühsamen Weg durch Instanzen und Bürokratismus.

Sie ging ihn, zwar mit Rückhalt ihrer Familie, aber vor allem mit unglaublicher Energie und Willenskraft.

DER KAMPF UM BILDUNG

Als zweites Kind des Finanzsekretärs Freiherr Benjamin Possanner von Ehrenthal und seiner Gattin Pauline, geborene Kraus, kommt Gabriele Possanner am 27. Jänner 1860 in Ofen (ungarisch Buda) zur Welt, aus dem später durch Zusammenlegung mit Pest Budapest wird. Als Kind einer k. k. Beamtenfamilie verbringt sie die ersten zwanzig Jahre ihres Lebens in sechs verschiedenen Städten. Das bedeutet jedes Mal Abschiednehmen, jedes Mal eine neue Umgebung, eine neue Sprache und neue Freunde. 1863 ist der Wohnsitz der Familie in Arad im Banat, heute in Rumänien, in dem ein Völkergemisch von Ungarn, Deutschen, Rumänen und Slowaken lebt. Vier Jahre später zieht die Familie nach St. Pölten, ab 1869 lebt sie in Laibach, heute Ljubljana, dann folgt die Übersiedlung nach Innsbruck und schließlich 1880 nach Wien, nachdem der Vater zum Sektionschef im k. k. Finanzministerium ernannt worden ist.
Gabriele hat drei Brüder und vier Schwestern. Sie besucht die Volksschule und erhält anschließend wie auch ihre Geschwister Privatunterricht. In Wien besucht sie als Zwanzigjährige die Lehrerinnenbildungsanstalt, damals neben Mädchenlyzeen die einzige Möglichkeit für Mädchen mit „höchstem Bildungsanspruch", eine der „weiblichen Eigenart entsprechenden allgemeine Bildung" zu erlangen. Sie schließt mit dem Reifezeugnis ab, das zum Unterricht an Volksschulen und zur Arbeit in Kindergärten berechtigt. Sie hätte nun die Möglichkeit, entweder als Lehrerin oder als Kindergärtnerin zu arbeiten oder als Hospitantin zu Vorlesungen an der Universität

„nur ganz ausnahmsweise" und – wie es in der Verordnung des Ministers für Kultus und Unterricht vom Jahre 1878 steht – „nur in ganz seltenen Fällen" zugelassen zu werden. Darauf verzichtet sie. Sie ersucht, zur Maturitätsprüfung am Akademischen Gymnasium in Wien zugelassen zu werden, was seit 1878 möglich ist. Am 29. September 1887 tritt sie als Externistin zur mündlichen Prüfung in den Fächern Religionslehre, Propädeutik und Naturgeschichte an und besteht. Von der schriftlichen Prüfung tritt sie vorerst zurück, legt sie aber zu einem Sondertermin am 15. Dezember 1887 erfolgreich ab und wird für „reif" erklärt. Dieser Erfolg berechtigt sie jedoch nicht zum Besuch einer Universität, da nach geltendem Gesetz die Schlussklausel „Erteilung der Reife zum Besuch einer Universität" fehlt. Sie ist die zweite Frau, die am Akademischen Gymnasium diese Prüfung abgelegt hat. Fünfzehn Jahre später wird ihre jüngste Schwester Marie ebenfalls am Akademischen Gymnasium als Externistin maturieren. Die Universität Wien ist weiblichen Studierenden noch verschlossen. In einem Gutachten des Akademischen Senats von 1873 wird der Ausschluss in einer Weise begründet, dass man sich über den unfreiwilligen Humor amüsieren könnte, wäre damit nicht für etliche Frauen, die nicht über die Zähigkeit und das Durchsetzungsvermögen der Gabriele Possanner und auch nicht über deren finanziellen Rückhalt verfügten, ein Studium unmöglich gemacht worden.
„Der Eintritt von Frauen in die Vorträge müsste zunächst die wissenschaftliche Seite der letzteren völlig umgestalten, indem die Dozenten vieles, was sich für das Ohr der Männer eignet, erst jenen der Frauen, namentlich züchtiger Jungfrauen, anzupassen genötigt werden, wodurch es wieder sich nicht für den männlichen Charakter eignen würde."[210]
Weiter heißt es, es könne nicht im Interesse der Wissenschaft liegen, dass Frauen „den ihnen durch Natur und Sitte ange-

wiesenen Wirkungsgrad verkennend (...) in den Wirkungskreis der Männer störend einzutreten beabsichtigen."[211] Im selben Jahr informiert der Rektor der Universität den Dekan der medizinischen Fakultät über den Beschluss, dass „sich der akademische Senat prinzipiell und mit aller Bestimmtheit gegen die Zulässigkeit, Frauenpersonen, sei es als ordentliche oder außerordentliche Hörer an der Wiener Universität zu inskribieren, erklärt."[212] Dieser Beschluss gelte zudem – in kluger Voraussicht der Beschließenden – „als Norm für künftige Entscheidungen".[213]

Noch 1908 schreibt der Wiener Psychoanalytiker und Biograf Sigmund Freuds Fritz Wittels unter dem Pseudonym Avicenna in der *Fackel,* das Medizinstudium der Frauen sei ein „ebenso operettenhaftes wie untaugliches Manöver des Weibes zur Lösung seines sexuellen Dilemmas".[214] Verantwortung für derlei Fehlentwicklungen trügen die Männer, die er als „verkrüppelte und unfreie Masochisten" bezeichnet, da sie an gelehrsamen Frauen Gefallen fänden. Wittels ist überdies besorgt, dass Studentinnen an der Universität – gleich Prostituierten – „ihren jünglingshaften, unerfahrenen Kommilitonen zu nahe treten und zu Sex zwingen könnten."[215]

Eine Frau, die studiere, behauptet er, schädige sich selbst, eine praktizierende Ärztin aber sei ein Risiko für die Allgemeinheit. Auch bedeute es für einen Mann eine „groteske Zumutung, sich von einem Weibe und für ein Weib (zu) entblößen, von ihm besehen, betastet, behorcht (zu) werden: mit Ausschluss der Sexualität."[216] Ein Mann könne das nur mit dem Gefühl, „als sei er impotent oder exhibitioniere",[217] erdulden. Am schlimmsten würden unter einer Ärztin aber erkrankte Frauen leiden. Die Kranke laufe Gefahr, von der Ärztin „in halbbewussten Sticheleien, in allen Formen, die der weibliche Hass ersinnt, gepeinigt zu werden."[218]

Männer, die sich gegen solche Hasstiraden stellen, werden vielfach von ihren Geschlechtsgenossen als Verräter empfunden, ihre „Männlichkeit" wird infrage gestellt. Auf ähnlichem Niveau bewegt sich die Argumentation, dass Frauen, die sich wissenschaftlich betätigen, „zwitterhaft" seien, abartig, weil sie mit zu vielen männlichen Zügen ausgestattet seien und daher keineswegs vollwertige Frauen sein könnten. Man kann Frauen, die sich in so einem Umfeld für eine von Vorurteilen geprägte akademische Welt entschließen, nur größte Bewunderung entgegenbringen.

Gabriele Possanner entschließt sich zu einem Studium in der Schweiz, wo seit 1863 das Frauenstudium erlaubt ist und wo Frauen aus der österreichisch-ungarischen Monarchie bereits studierten und zum Doktor der Medizin promoviert wurden. Diese Ärztinnen arbeiteten anschließend vorwiegend in den unter österreichischer Verwaltung stehenden Provinzen Bosnien und Herzegowina, wo sie die moslemischen Frauen ärztlich betreuten. Sonst hatten promovierte Ärztinnen nur die Möglichkeit, als „Helferinnen" von männlichen Ärzten in deren Praxis zu arbeiten.

Am 21. April immatrikuliert Gabriele Possanner an der „Zürcherischen Hochschule". Sie trifft dort Studentinnen aus ganz Europa, aber auch aus Nord- und Südamerika und genießt das aufgeschlossene intellektuelle Klima. Nach einem Semester in Genf studiert sie wieder in Zürich. Eine böse Überraschung erlebt sie, als sie um Zulassung zur 1. Staatsprüfung ansucht und einen abschlägigen Bescheid erhält. Ihr Zeugnis vom Akademischen Gymnasium in Wien wird nicht anerkannt, da es kein „befriedigendes Entlassungszeugnis von der obersten Klasse" sei. Sie argumentiert nun mit ihren guten Noten im Abschlusszeugnis der Lehrerinnenbildungsanstalt und erreicht, dass ihr für die Ablegung des schweizerischen Maturitätszeugnisses Prüfungen in Geschichte, Chemie und

Naturgeschichte erlassen werden. 1890 besteht sie die Prüfung, eigentlich ihre dritte Matura, und kann die 1. Staatsprüfung ablegen. Ein Jahr später legt sie die 2. Staatsprüfung ab und kann 1893 ihr Studium beenden. Ihre Dissertation hat den Titel „Über die Lebensdauer bei Retinitis albuminurica" (Netzhautentzündung bedingt durch Nierenleiden). 1893 legt sie in Zürich die Medizinische Fachprüfung ab und erreicht sechsmal die Note 5 (sehr gut) und zweimal die Note 4 (gut), also ein hervorragendes Zeugnis.

DER KAMPF UM DEN BERUF

Mit dem eidgenössischen Diplom könnte Possanner in allen Kantonen der Schweiz praktizieren oder sich in Österreich um eine Stelle in Bosnien und Herzegowina bewerben. Aber sie möchte in ihrer Heimat als Ärztin arbeiten und lässt nichts unversucht, diesen Wunsch zu realisieren. In den nächsten zweieinhalb Jahren schreibt sie ein Gesuch nach dem anderen und kann sich dabei auf Artikel 18 des Staatsgrundgesetzes vom 21. Dezember 1867 über die allgemeinen Rechte der Staatsbürger für die im Reichsrate vertretenen Königreiche und Länder berufen: „Es steht Jedermann frei, seinen Beruf zu wählen und sich für denselben auszubilden, wie und wo er will."[219] Unter „Jedermann" ist in der Realität „jeder Mann" zu verstehen. Es scheint, als hätte man 1867 noch nie von weiblichen Studierenden gehört, und es hätte daher auch nie Anwärterinnen auf eine akademische Berufsausbildung gegeben.
Gabriele Possanner arbeitet zunächst als Volontärärztin an der I. Geburtshilflichen Klinik in Wien, der Prof. Friedrich Schauta, ein Befürworter des „Vereins für erweiterte Frauenbildung", vorsteht. Prof. Schauta bescheinigt ihr, dass sie

sich in den „Rahmen der Klinik gut einfügte, dass sie durch bescheidenes taktvolles Benehmen jederlei Schwierigkeit im Verkehr mit den Ärzten und mit den Kranken gewandt aus dem Wege zu gehen wusste, und dass ihre Kenntnisse als derartige bezeichnet werden könnten, wie wir sie bei Abiturienten von der Universität des besseren Durchschnitts zu finden gewohnt sind."[220]

Anfang Dezember 1894 stellt Possanner an das Ministerium für Kultus und Unterricht das Gesuch um Zulassung zur Nostrifizierung ihres Schweizer Diploms. Diesem Gesuch wird nicht stattgegeben. Sie lässt sich von dem abschlägigen Bescheid nicht entmutigen und wendet sich jetzt mit einem Gnadengesuch direkt an Kaiser Franz Joseph. Sie begründet die Bitte, ihr „die Ausübung der ärztlichen Praxis in Österreich allergnädigst zu bewilligen", mit dem Umstand, „dass zahlreiche Mädchen und Frauen sich scheuen, beim Beginne einer Krankheit einem männlichen Arzte sich anzuvertrauen, infolgedessen solche Leiden sich steigern und oft unheilbar werden."[221]

Diesem Gesuch liegt ein Appell ihres Vaters bei, eines verdienstvollen Beamten, der immerhin die Position eines Sektionschefs im k. k. Finanzministerium innegehabt hatte. Er führt unter anderem an, dass die Befähigung seiner Tochter für diesen Beruf durch ihre schwer errungene, durchgreifende Ausbildung gewährleistet ist, und erklärt mutig, falls ihr Berufswunsch nicht erfüllt würde, so geschähe dies aus „Motiven, (...) welche (...) die Wissenschaft sowie die sämtlichen Kulturstaaten der Welt als wertlosen Ballast schon längst über Bord geworfen haben!"[222] Auch ein Gesuch des „Vereins für erweiterte Frauenbildung", Gabriele Possanner eine Stelle als Schulärztin an der vom Verein gegründeten Mädchenschule zu gewähren, liegt dem Ansuchen bei. Der Verein hatte in dem Bestreben, eine dem Knabengymnasium gleichgestellte

Mädchenschule zu errichten, 1892 zunächst eine Privatschule eröffnet, der 1903 als dem zweiten Mädchengymnasium in der Monarchie das Öffentlichkeitsrecht verliehen wird. Das erste Mädchengymnasium befand sich in Prag.

Der Kaiser ermächtigt am 17. Juli 1895 in Bad Ischl mit seiner Unterschrift den Minister des Inneren, dieses Gnadengesuch zu erledigen, mit dem Resultat, dass das Ministerium nicht abgeneigt wäre, „die Zulassung der Bittstellerin zur ärztlichen Praxis in Wien auf dem Gebiete der Geburtshilfe und Frauenheilkunde zu befürworten, wenn ihre fachliche Tüchtigkeit in diesen Fächern durch das fachmännische Urteil des Vorstandes der I. Geburtshilflichen Klinik sichergestellt würde."[223]

Das bedeutet, dass man den in der Schweiz erworbenen Zeugnissen misstraut und die „Bittstellerin" nochmals zu Prüfungen antreten muss. Es dauert aber noch fast ein Jahr, bis nach etlichen Verhandlungen zwischen den mit der Angelegenheit betrauten Ministerien und den dadurch bedingten Verzögerungen Gabriele Possanner am 25. April 1896 beim Dekanat der medizinischen Fakultät der Universität Wien erst einmal ansuchen kann, ihr Schweizer Diplom zu nostrifizieren. Dem Gesuch wird stattgegeben, allerdings unter der Bedingung, dass sich Possanner sämtlichen praktischen und theoretischen strengen Prüfungen an der Wiener medizinischen Fakultät zu unterziehen habe.

Possanner beginnt sofort mit den Vorbereitungen. Mit enormem Fleiß legt sie innerhalb von nicht ganz neun Monaten 21 Prüfungen für die drei Rigorosen ab, ihre letzte Prüfung besteht sie am 29. März 1897. Am 2. April 1897 erfolgt die auch in den Medien viel beachtete Promotion zum Doktor der gesamten Heilkunde, die erste Promotion einer Frau an der Universität Wien und innerhalb der österreichisch-ungarischen Monarchie. Der Rektor würdigt in seiner Ansprache die junge Doktorin als „mutige, siegreiche Vorkämpferin um die Erweiterung der Frauenrechte".[224] Marcella Stern weist in ihrer Biografie Gabriele Possanners nach, dass sich von 1894 bis 1897 Kaiser Franz Joseph, zwei Minister des Inneren, drei Minister für Kultus und Unterricht, vier Rektoren der Universität Wien und vier Dekane der medizinischen Fakultät mit dem Fall Possanner auseinandersetzen mussten.

Einen Monat nach ihrer Promotion eröffnet Gabriele Possanner ihre Ordination als praktische Ärztin im 9. Wiener Gemeindebezirk, Günthergasse 2. Anschließend arbeitet sie als Spitalsärztin. 1907 eröffnet sie eine Ordination in der Alser Straße 26 im 9. Bezirk und bezieht im selben Haus eine Wohnung. Nach dem Tod des Vaters beziehen ihre Mutter und drei Schwestern eine Wohnung im selben Haus. 1928 wird Gabriele Possanner der Titel „Medizinalrat" verliehen, womit auch eine Anerkennung ihrer Verdienste um Frauenrechte und Frauenbildung verbunden ist.
Gabriele Possanner von Ehrenthal stirbt im Alter von 80 Jahren am 14. März 1940 in ihrer Wohnung.
Eine Gedenktafel am Haus Alser Straße 26 und die Possannergasse im 13. Wiener Gemeindebezirk erinnern an die Frau, die als Erste das Recht erkämpft hatte, den Beruf einer Ärztin auszuüben – allen bürokratischen Behinderungen und Vorurteilen zum Trotz.

ANMERKUNGEN

Schauplatz Manege und Bühne

1 Bettina Bardell, Mitbegründerin der Circusschule „Die Rotznasen"
2 Jean-Jacques Rousseau, Brief an Herrn d'Alembert über seinen Artikel „Genf" im VII. Bd. der Enzyklopädie, in: Rousseau, Schriften Bd. 1, hg. v. Henning Ritter, München 1978, S. 333 ff.
3 Archiv der Bundespolizei Wien, in: Hans Pemmer, Nini Lackner, Der Prater, Von den Anfängen bis zur Gegenwart, Wien 1974, S. 112
4 Pemmer/Lackner, Prater, S. 113
5 Zitiert in: Stephanie Haerdle, Keine Angst haben ist unser Beruf, Berlin 2007, S. 92
6 Ebd., S. 95
7 Ebd., S. 96
8 Jiddischer Ausdruck für „Gesicht"
9 Tilla Durieux, Meine ersten neunzig Jahre, Erinnerungen. Die Jahre 1952–1971, nacherzählt von Joachim Werner Preuß, München u. Berlin 1971, S. 31
10 Zitiert in: Melanie Ruff, Tilla Durieux, Selbstbilder und Images der Schauspielerin, Wien 2007, S. 96
11 Ebd.
12 Tilla Durieux, in: Uta Witzleben (Hg.), Die erste Lieb. Prominente Deutsche erzählen, Hamburg 1968, S. 57
13 Renate Möhrmann, Tilla Durieux und Paul Cassirer, Bühnenglück und Liebestod, Berlin 1997, S. 37
14 Tilla Durieux, Eine Tür steht offen, Erinnerungen, Berlin 1954, S. 16
15 Ebd., S. 9
16 Tilla Durieux, in: Hannes Reinhardt (Hg.), Das bin ich. Ernst Deutsch u. a. erzählen ihr Leben, Berlin 1970, S. 36
17 Martin Alexander Nexö, zitiert in: Möhrmann, a. a. O., S. 16
18 Alexander Granach, Da geht ein Mensch, München 1982, S. 230
19 Durieux, a. a. O., S. 44 f.
20 Hedwig Wangel (1875–1961), bedeutende Charakterschauspielerin
21 Gemeint ist die Schauspielerin Lucie Höflich (1883–1956).
22 Reinhardt, Das bin ich, S. 39
23 Durieux, a. a. O., S. 51

24 Ebd.
25 Zitiert in: Joachim Werner Preußler, Tilla Durieux, Portrait der Schauspielerin, Deutung und Interpretation, Berlin 1965, S. 24
26 Durieux, a. a. O., S. 51
27 Möhrmann, a. a. O., S. 23
28 Ebd., S. 102 f.
29 Durieux, a. a. O., S. 56
30 Zitiert in: Möhrmann, a. a. O., S. 100
31 Zitiert in: Joachim Werner Preuß, Tilla Durieux. Porträt der Schauspielerin. Deutung und Interpretation, Berlin 1965, S. 58
32 Durieux, a. a. O., S. 165
33 Ebd., S. 178
34 Alfred Polgar, Maria Stuart, in: Preuß, a. a. O., S. 90
35 Es befindet sich heute im „Metropolitan Museum of Art" in New York City.
36 Durieux, a. a. O., S. 184
37 Durieux, a. a. O., S. 188
38 Zitiert in: Möhrmann, a. a. O., S. 161
39 Ebd., S. 168
40 Zitiert in: Edgar Rai, Tilla Durieux. Eine Biografie, Berlin 2005, S. 120
41 Zitiert in: Tilla Durieux, Kampf auf allen Linien, in: Monica Steegmann und Ingrid Kaech (Hg.), Frauen im Rampenlicht, Frankfurt am Main und Leipzig, 2004, S. 153
42 Ebd.
43 Durieux, a. a. O., S. 295
44 Durieux, a. a. O., S. 305
45 Rai, a. a. O., S. 147
46 Durieux, a. a. O., S. 340
47 Ebd.
48 Durieux, a. a. O., S. 340
49 Ebd., S. 441
50 Ebd., S. 443
51 Cilli Wang, in: Zauber der Verwandlung, Cilli Wang in ihren Gestalten. Zur Ausstellung des Österreichischen Theatermuseums, Wien 1981, hg. von Oskar Pausch, S. 16
52 Ebd., S. 12
53 Ebd., S. 10
54 Ebd., S. 12
55 Text in einer Urkunde anlässlich der Grundsteinlegung des Gebäudes
56 Kritik im „Neuen Wiener Tagblatt", zitiert in: Zauber der Verwandlung, a. a. O., S. 18

57 Zitiert in: Zauber der Verwandlung, a. a. O., S. 18
58 Ebd.
59 Ebd., S. 30
60 Ebd., S. 14
61 Zitiert im Beitrag Manfred Oberlechners, „Exiltheater in den Niederlanden": Cilli Wang. In: P. Scsobádi (Hg.), Das (Musik-)Theater in Exil und Diktatur, Vorträge und Gespräche des Salzburger Symposions 2003, S. 797
62 Elias Canetti, Über Cilli Wang, in: Zauber der Verwandlung, a. a. O., S. 14
63 Cilli Wang über ihre Arbeit, in: Zauber der Verwandlung, a. a. O., S. 28
64 Zauber der Verwandlung, a. a. O., S. 34
65 Jochen Förster und Anthony Loder, Hedy Darling. Das filmreife Leben der Hedy Lamarr, erzählt von ihrem Sohn, Hollenstedt 2012, S. 25
66 Ruth Barton, Hedy Lamarr, The Most Beautiful Woman in Film, Kentucky 2010, S. 19
67 Förster u. Loder, a. a. O., S. 33
68 Peter Körte, Hedy Lamarr, Die stumme Sirene, München 2000, S. 19
69 Förster u. Loder, a. a. O., S. 80
70 Körte, a. a. O., S. 25
71 Förster u. Loder, a. a. O., S. 84
72 Ebd., S. 98
73 Ebd., S. 197

Emanzipation und Extravaganz

74 Monika Czernin, „Ich habe zu kurz gelebt". Die Geschichte der Nora Gräfin Kinsky, München 2005
75 Majorat bezeichnet die Erbfolge, wonach einzig und allein der älteste männliche Nachkomme erbberechtigt ist.
76 Gebiet an der Schwarzmeerküste im Westen Georgiens, bis 1867 eigenständiges Fürstentum, dann unter russischer Oberhoheit.
77 Monika Czernin, „Ich habe zu kurz gelebt", S. 67 f.
78 Bertha von Suttner, High Life, zitiert in: Harald Steffahn, Bertha von Suttner, Reinbek bei Hamburg 1998, S. 63
79 Czernin, a. a. O., S. 83 f.
80 Harald Steffahn, a. a. O., S. 138
81 Zitiert in: Nora Gräfin Kinsky, Russisches Tagebuch 1916–1918, hg. von Hans Graf Huyn, Stuttgart-Degerloch 1976, S. 10
82 Ebd., S. 23
83 Czernin, a. a. O., S. 263

84 Ebd., S. 266 f.
85 Ebd., S. 63
86 Ebd.
87 Ebd., S. 70
88 Ebd., S. 78
89 Ebd., S. 78 f.
90 Ebd., S. 95
91 Ebd.
92 Ebd., S. 196
93 Ebd., S. 275
94 Carl Felix von Schlichtegroll, Sacher-Masoch, enthaltend Sacher-Masoch und der Masochismus sowie „Wanda ohne Pelz und Maske“, hg. von Lisbeth Exner und Michael Farin, München 2003, S. 225 f.
95 Carl Felix Schlichtegroll, Sacher und der Masochismus, Dresden 1901, S. 86
96 Wanda von Sacher-Masoch, Meine Lebensbeichte, Memoiren, Berlin und Leipzig 1906, S. 428
97 Leopold von Sacher-Masoch, Venus im Pelz, München 1968, S. 148
98 Schlichtegroll, a. a. O., S. 100
99 Zitiert in: Wanda und Leopold von Sacher-Masoch. Szenen einer Ehe. Eine Collage; mit einem Nachwort versehen von Adolf Opel, Wien 1996, S. 40
100 Ebd., S. 53
101 Ebd., S. 68
102 Ebd., S. 72
103 Lebensbeichte, a. a. O., S. 142
104 In dem Beitrag „Eine Autobiographie“ (in: „Deutsche Monatsblätter“, Bremen, Juni 1879), zitiert in: Wanda und Leopold von Sacher-Masoch, Szenen einer Ehe, a. a. O., S. 287
105 Lebensbeichte, a. a. O., S. 142
106 Ebd., S. 144
107 Anspielung an den Griechen im Roman „Venus im Pelz“
108 Lebensbeichte, a. a. O., S. 142
109 Ebd., S. 141
110 „Ninon“, in: Ferdinand von Saars Novellen aus Österreich, hg. von Jakob Minor, 10. Bd., Teil 4, Leipzig 1896, S. 82
111 Richard von Krafft-Ebing, in: Phantom Schmerz, hg. von Michael Farin, München 2003, S. 15
112 Richard von Krafft-Ebing, Psychopathia sexualis, Reprint der 14. Auflage, hg. von Alfred Fuchs, München 1997, S. 105

113 Wanda von Dunajew (d. i. Wanda von Sacher-Masoch), Der Roman einer tugendhaften Frau. Ein Gegenstück zur „geschiedenen Frau" von Sacher-Masoch, Prag 1873, S. 6
114 Ebd., S. 156
115 Lebensbeichte, a. a. O., S. 357
116 Lebensbeichte, a. a. O., S. 442
117 Ebd., S. 444
118 Ebd., S. 474
119 Ebd., S. 492 f.
120 Friedrich Buchmayr, Madame Strindberg oder die Faszination der Boheme, St. Pölten und Salzburg, S. 14
121 Frida Strindberg, Lieb, Leid und Zeit – Eine unvergessliche Ehe, Hamburg und Leipzig 1936, S. 13 f.
122 Traute Dittrich, Friedrich Uhl als Theaterkritiker, Wien 1950, S. 87
123 Lieb, Leid, Zeit, a. a. O., S. 14
124 Ebd., S. 105 f.
125 August Strindberg, Die Transfunzel, zitiert in: Lieb, Leid , Zeit, a. a. O., S. 12
126 Lieb, Leid, Zeit, a. a. O., S. 15 f.
127 Lieb, Leid, Zeit, a. a. O., S. 70
128 Ebd.
129 August Strindberg, Entzweit. Einsam, München 1921, S. 16
130 Lieb, Leid, Zeit, a. a. O., S. 73
131 Entzweit, a. a. O., S. 17
132 August Strindberg, Nachruf auf Otto Weininger, in: *Die Fackel*, Nr. 144, Wien 1903, S. 2
133 Ebd., S. 3
134 Entzweit, a. a. O., S. 17
135 Lieb, Leid, Zeit, a. a. O., S. 96
136 Ebd., S. 91 f.
137 Ebd., S. 106
138 Ebd., S. 111
139 Ebd., S. 126 f.
140 Ebd., S. 136 f.
141 Ebd., S. 188 f.
142 Wenn nein, nein! August Strindberg u. Frida Uhl, Briefwechsel, hg. v. Friedrich Buchmayr, Weitra 1993, Nr. 26
143 Lieb, Leid, Zeit, a. a. O., S. 315
144 Lieb, Leid, Zeit, a. a. O., S. 327 f.
145 August Strindberg, Das Kloster. Entzweit. Zwei autobiographische Romane, München 1969, S. 103

146 Lieb, Leid, Zeit, a. a. O., S. 454
147 Buchmayr, a. a. O., S. 157 f.
148 Ebd.
149 August Strindberg, Inferno/Legenden, München 1917, S. 25
150 August Strindberg, Briefe an seine Tochter Kerstin, hg. von Torsten Eklund, Hamburg 1963, S. 10
151 Buchmayr, a. a. O., S. 311
152 Ebd., S. 192
153 Ebd., S. 216
154 Ebd., S. 221 f.
155 Ebd., S. 27
156 Lieb, Leid, Zeit, a. a. O., S. 600

Wagnis Wissenschaft

157 Jean-Jacques Rousseau, Emile oder über die Erziehung, Stuttgart 1963, S. 733
158 Otto Weininger, Geschlecht und Charakter, Wien 1903, S. 248
159 Möbius, Vorwort zur 5. Auflage, Halle a. d. Saale, S. 5
160 Theodor von Bischoff, in: Für edle Frauen. Blätter für die echte und wahre Emanzipation des Weibes, hg. von Adolf Hinrichsen, Berlin 1886, S. 258 f.
161 Zitiert in: Marina Tichy, Die geschlechtliche Unordnung, in: Waltraud Heindl, Marina Tichy (Hg.), Durch Erkenntnis zu Freiheit und Glück, Frauen an der Universität Wien, Wien 1993, S. 30
162 Sir Galahad (d. i. Bertha Eckstein-Diener), Die Kegelschnitte Gottes, Roman. Die Horus Romane, Buch 4, München 1921, S. 416
163 Sir Galahad (d. i. Bertha-Eckstein-Diener), Mütter und Amazonen. Ein Umriss weiblicher Reiche, München 1932
164 Sibylle Mulot-Déri, Sir Galahad, Porträt einer Verschollenen, Frankfurt am Main, 1967
165 Kegelschnitte, a. a. O., S. 399
166 Ebd., S. 409
167 Zitiert in: Evelyne Polt-Heinzl, Zeitlos. Neun Porträts, Wien 2005, S. 54
168 Kegelschnitte, a. a. O., S. 416
169 Ebd., S. 439
170 Stefan Zweig, Die Welt von Gestern. Erinnerungen eines Europäers, Frankfurt am Main und Hamburg 1970, S. 65 f.
171 Ebd., S. 66
172 Ebd., S. 67

173 Kegelschnitte, a. a. O., S. 438 f.
174 Ebd., S. 440
175 Mulot-Déri, a. a. O., S. 125
176 Mulot-Déri, a. a. O., S. 135
177 Kegelschnitte, a. a. O., S. 470
178 Ebd., S. 476
179 Ebd., S. 498 f.
180 Ebd., S. 501
181 Wilfried Daim, Der Mann, der Hitler die Ideen gab, München 1958
182 Kegelschnitte, a. a. O., S. 530
183 Kurt Tucholsky, Die Kegelschnitte Gottes, in: *Die Weltbühne*, 26.7.1923, Nr. 30, S. 79
184 Sir Galahad, Mütter und Amazonen. Ein Umriss weiblicher Reiche, München 1932, S. 11
185 Mulot-Déri, a. a. O., S. 194
186 Zitiert in: Christa Gürtler, Sigrid Schmid-Bortenschlager, Eigensinn und Widerstand, Schriftstellerinnen der Habsburgermonarchie, Wien 1998, S. 166
187 Brief vom 25.9.1881 in: Anton Bettelheim (Hg.), Louise von François und Conrad Ferdinand Meyer, Ein Briefwechsel, Leipzig 1920, S. 22
188 Hinrike Gronewold, „Die geistige Amazone", in: Wahnsinns-Frauen, hg. von Sibylle Duda und Luise F. Pusch, Frankfurt am Main 1992, S. 107
189 Briefwechsel, a. a. O., S. 20
190 Ebd., S. 26 f.
191 Ebd., S. 27
192 Ebd., S. 132
193 Traute Hensch (Hg.), Helene von Druskowitz. Der Mann als logische und sittliche Unmöglichkeit und als Fluch der Welt. Pessimistische Cardinalsätze, Freiburg 1988, S. 82
194 Ebd., S. 83
195 Nietzsche an Carl Spitteler am 17. September 1887, zitiert in: Hensch, Helene von Druskowitz, a. a. O., S. 85
196 Zitiert nach: Curt Paul Janz, Friedrich Nietzsche. Biographie, Bd. 3, München 1993, S. 290 f.
197 Briefwechsel, a. a. O., S. 235
198 Gronewold, Helene von Druskowitz, a. a. O., S. 99
199 Ebd., S. 260
200 Ebd.
201 Zitiert in: Luise F. Pusch, Nachwort zu Sibylle Duda und Luise F. Pusch (Hg.), Wahnsinns-Frauen, Bd. 1, Frankfurt am Main 1992, S. 348

202 Ebd.

203 Gronewold, Helene von Druskowitz, a. a. O., S. 117

204 Ebd.

205 Traute Hensch (Hg.), Der Mann als logische und sittliche Unmöglichkeit und als Fluch der Welt. Pessimistische Kardinalsätze von Helene von Druskowitz, Freiburg 1988, S. 19

206 Ebd.

207 Ebd., S. 59

208 in: *Wiener Sonntags-Zeitung/Wiener Sonn- und Montags-Zeitung*, 5. April 1897, S. 2

209 in: *Arbeiterinnen-Zeitung*, 8/1897, S. 7 f.

210 Zitiert in: Waltraud Heindl u. Maria Tichy (Hg.), Durch Erkenntnis zu Freiheit und Glück, Frauen an der Universität Wien, Wien 1993, S. 17

211 Ebd.

212 Anna Lind, Das Frauenstudium in Österreich, Deutschland und in der Schweiz, Wien 1961, S. 42

213 Ebd.

214 Zitiert im Artikel von Sonja Stipsits, in: Birgit Bolognese-Leuchtenmüller, Töchter des Hippokrates, 100 Jahre akademische Ärztinnen Österreichs, Wien 2000, S. 31

215 Ebd.

216 Avicenna (Fritz Wittels), Weibliche Ärzte, in: *Die Fackel*, Nr. 225, S. 16

217 Ebd.

218 Ebd., S. 19

219 Elisabeth Berger, Das Frauenstudium an der Universität Wien im Zeitalter des Liberalismus, Wien 2007, S. 3

220 Zitiert in: Marcella Stern, Gabriele Possanner von Ehrenthal, die erste an der Universität Wien promovierte Frau, in: Heindl u. Tichy, Erkenntnisse, a. a. O., S. 203

221 Ebd., S. 204

222 Ebd.

223 Ebd., S. 204 f.

224 Ebd., S. 209

BILDNACHWEIS

Karl Thomas/Allover/picturedesk.com S. 6/7, 80/81, 160/161
fr.muzeo.com S. 12
Wikimedia Commons/Tom (CC BY-SA 3.0) S. 15
Wikimedia Commons (gemeinfrei) S. 18, 33, 64, 119, 158, 175, 179, 197, 206
MuCEM, Distr. RMN Grand Palais/image MuCEM S. 20
Österreichisches Theatermuseum S. 22
akg-images/picturedesk.com S. 26, 29, 122, 124, 138, 190
Wikimedia Commons/Hans Bernhard (CC BY-SA 3.0) S. 52
Wikimedia Commons/Nationaal Archif/Jan Arkesteijn (CC BY-SA 3.0 NL) S. 64
ÖNB-Bildarchiv/N.V.Ned. Theater Bureau S. 54
Imagno/picturedesk.com S. 57
ÖNB-Bildarchiv/picturedesk.com S. 61, 166, 181, 204
Everett Collection/picturedesk.com S. 66, 73
Friedrich/Interfoto/picturedesk.com S. 76
Aus: Nora Gräfin Kinsky, Russisches Tagebuch 1916–1918, Geleitwort von Fürstin Gina von Liechtenstein, hrsg. von Hans Graf Huyn, Stuttgart-Degerloch 1976 S. 86, 91, 95
ÖNB-Bildarchiv S. 104
Sammlung Rauch/Interfoto/picturedesk.com S. 107
Wikimedia Commons/Pfeifferfranz (CC BY-SA 3.0) S. 143
Wikimedia Commons/Dr. Martin Hirsch (CC BY-SA 3.0) S. 202
Wikimedia Commons/GuentherZ (CC BY-SA 3.0) S. 214

ISBN 978-3-222-13504-0

styria BOOKS

Wien – Graz – Klagenfurt

Bücher aus der Verlagsgruppe Styria gibt es
in jeder Buchhandlung und im Online-Shop

styriabooks.at

Lektorat: Elisabeth Wagner
Covergestaltung: Bruno Wegscheider
Coverfoto: Tilla Durieux, Österreichisches Theatermuseum/
Foto Becker & Maass, Berlin
Buchgestaltung: Maria Schuster

Druck und Bindung:
Druckerei Theiss GmbH, St. Stefan im Lavanttal
7 6 5 4 3 2 1
Printed in Austria